弘教系列教材

化学教学论
实验指导

张婉佳　张小兰　高兆芬　董洪霞　编著

复旦大学出版社

"弘教系列教材"编委会

主　任　詹世友

副主任　郑大贵　徐惠平

委　员（按姓氏笔画排列）

　　　　　于秀军　马江山　王艾平　李永明　吴　波

　　　　　余龙生　余国林　张　灵　张志荣　陈　平

　　　　　徐艳萍　曹南洋　盛世明　谢国豪

顾　问　刘子馨

前言

化学学习离不开实验,因为化学实验是化学学科赖以形成和发展的基础。从人类学会使用和控制火开始,就在燃烧、蒸发、煅烧、蒸馏和升华的实践中不断积累化学知识与技能,促进了原始化学形态的逐渐形成。到了近代,许多化学家为了所需的信息,利用化学实验再现各种物质的性质,并在详实而丰富的信息资料中寻找物质发生化学变化的规律,建立了化学的一些基本概念,确立了化学研究的一般方法,使化学真正成为一门独立的科学。在现代化学研究中,人们同样需要用化学实验来验证化学理论的真伪、探索新物质的组成、创造性能特别的新材料(如特种金属功能材料、生物医用材料、纳米材料等),可见化学学习与研究都离不开化学实验,都要通过化学实验技术来完成。

今天,在化学实验技术的帮助下,化合物总数量不断递增,化学测量及分析技术也空前提高。化学家不仅通过实验研究地球重力场作用下的化学反应,还利用实验系统地研究物质在磁场、电场和光能、力能和声能作用下的化学反应,并且还将目光投向了太空失重和强辐射下的化学实验过程。总之,化学实验技术正在引导人类进入崭新的物质世界。

高等师范院校化学专业的学生必须具备一定的化学实验技能,毕业后才能胜任化学教师职务,因为化学教师常常需要在化学实验演示中展现物质的性质及变化的事实,以帮助学生认识和理解具体的化学知识,了解化学实验操作的基本方法,或引导学生在实验现象的观察、分析、推理中形成化学基本概念,探索物质的变化规律。实验可以使化学教学直观而豁然、生动且有趣,因此,为了充分发挥实验在化学教学中的辅助作用,保证每一次演示实验都能达到预期的教学结果,我们需要研究中学化学教材中一些经典的课堂演示实验，或操作上有一定难度的实验；结合当前教学改革的要求，还应增加一些综合的探究性实验来拓展视野。学生在这些实验的操作、研究和创新中掌握演示化学实验的基本技能和技巧、提高化学实验的教研能力，练就独立从事中学化学教学必备的基本功。

《化学教学论实验指导》一书主要包括两部分内容。

第一篇为中学化学实验研究概述。依据中学化学课程标准，阐明了中学化学实验教学的目的和要求；结合中学化学教科书以及教育心理学等，论述了实验在中学化学教学中的重要功能；从化学教育研究的角度，提出了中学化学演示实验研究的基本策略与方法。

第二篇为中学化学实验研究选编。共选编20个实验。选择了中学化学教材中一些经典的演示实验，让学生从研究者的角度在解决简单的实验问题中训练化学实验教学的技能、技巧，探索实验成败的关键因素。教材还设计了一些应用型、趣味性的实验，以帮助师范生学习引导学习者参与化学教学活动的能力；对于易产生有毒物质或存在安全隐患的实验进行了微型化实验研究；对中学化学教材中长期以来难以达到课堂演示效果的实验进行了探究与创新。另外，分别从实验的教学功能和实验的化学原理切入，提出实验研究的思路，对实验的装置、实验操作的步骤、实验注意的事项及问题思考等都进行了不同程度的研究。

全书由张婉佳老师主编，确定编写思路、内容框架体系，并修改、定稿，在张小兰、高兆芬、董洪霞等老师的共同努力下完成。书中参考和引用了许多专家、学者的研究成果，在此谨表谢意！

由于作者的水平和视野有限，书中会存在问题或不足，敬请广大教师和学生批评指正。

张婉佳
2017年3月

目录

第一篇　中学化学实验研究概述

第一章　中学化学实验教学目的和要求 …………… 3
　第一节　了解中学化学实验教学的类别和内容 …… 3
　第二节　掌握中学化学实验教学的基本技能 ……… 6
　第三节　把握化学演示实验成功的关键 …………… 17
　第四节　化学演示实验的创新 ……………………… 20

第二章　中学化学演示实验的教学功能 ……………… 23
　第一节　化学演示实验的概念及分类 ……………… 23
　第二节　中学化学演示实验的教学功能 …………… 24

第三章　化学演示实验研究的策略与方法 …………… 34
　第一节　发现问题 …………………………………… 34
　第二节　分析问题 …………………………………… 37
　第三节　设计解决实验问题的方案 ………………… 43
　第四节　实验验证和结果分析 ……………………… 46

第二篇　中学化学实验研究选编

实　验　一　玻璃管的简单加工和常用实验装置的装配 …… 55

实 验 二	实验室制氧气演示实验的研究 …………… 61
实 验 三	氧气性质演示实验的研究 ………………… 66
实 验 四	电解水演示实验的研究 …………………… 72
实 验 五	氢气的制取和性质演示实验的研究 ……… 77
实 验 六	碳的性质演示实验的研究 ………………… 87
实 验 七	制备氢氧化亚铁演示实验的研究 ………… 92
实 验 八	氨的催化氧化演示实验的研究 …………… 97
实 验 九	铝及其化合物性质演示实验的研究 ……… 103
实 验 十	甲烷的制备和性质演示实验的研究 ……… 110
实验十一	乙醇性质演示实验的研究 ………………… 117
实验十二	代用酸碱指示剂的提取及其变色范围的测定 …………………………………………… 123
实验十三	饮用水的净化实验研究 …………………… 128
实验十四	氯气的制取及其性质实验微型化的研究…… 135
实验十五	测定"阿伏伽德罗常数"实验的研究 …… 142
实验十六	检测海带和碘盐中碘实验的研究 ………… 146
实验十七	制备硫酸亚铁铵实验的研究 ……………… 151
实验十八	趣味化学实验的研究 ……………………… 158
实验十九	利用传感技术进行化学反平衡移动及平衡常数的测定 ………………………… 163
实验二十	中学化学实验创新实践 …………………… 169

主要参考文献 …………………………………………… 171

中学化学实验研究概述

第一章
中学化学实验教学目的和要求

化学科学的发展离不开实验,化学教育特别是基础化学教育,常常要运用实验描述与推理化学知识,运用定量或定性的实证来进行教与学。可见,化学教育也离不开实验。高等师范院校化学专业的学生是中学化学教师的后备军,为了适应将来的化学教育工作,必须掌握化学实验技能,具备在课堂教学中熟练演示实验、顺利完成各种实验任务的能力,同时还能科学地解说或推理实验过程和现象,对难以满足辅助教学功能的实验予以改进或创新。这就要求高等师范院校化学专业的学生了解中学化学实验的类别和内容,系统地训练化学实验的基本操作;培养独立准备实验和再现中学化学教学中常见元素及其化合物的重要性质和化学变化的能力;培养制备重要的化合物及,分离、鉴定或检测某些物质的能力;培养对实验现象进行整理、归纳、综合或数据处理,并用语言表达实验结果的能力;培养实验研究和实验创新的能力。为此,提出本课程的学习要求。

第一节　了解中学化学实验教学的类别和内容

为了更好地运用实验激发学生学习化学的兴趣、认识丰富多彩的化学世界、探索化学科学的奥秘,化学专业的师范生只有了解中学化学实验基本技能的教学类别和主要实验内容,才能有针对性地训练相应的实验技能。

1. 化学课程标准对初中生的化学实验技能提出的要求

(1) 能进行药品的取用,简单仪器的使用和连接、加热等基本的实验操作。
(2) 能在教师指导下根据实验目的选择实验药品和仪器,并能安全操作。

(3) 初步学会配制一定溶质质量分数的溶液。

(4) 初步学会用酸、碱指示剂或 pH 试纸检验溶液的酸碱性。

(5) 初步学会根据某些性质检验和区分一些常见的物质。

(6) 初步学会使用过滤、蒸发的方法分离混合物。

(7) 初步学会运用简单的装置和方法制取某些气体。

为了使初中生初步学会上述各种实验基本技能,人教版初中化学教材安排了相应的学生实验内容。

实验活动 1 氧气的实验室制取与性质 内容包含了药品的取用、仪器的连接和使用、加热、运用实验装置和操作方法制取气体等多种实验技能和方法。

实验活动 2 二氧化碳的实验室制取与性质 不但强化了活动 1 的各种实验技能,还要根据实验目的选择实验药品和仪器,知道反应物的状态不同,仪器的选用和连接的方式以及操作的方法也不同。

实验活动 3 金属的物理性质和某些化学性质 在前两个实验技能运用的基础上学习根据某些化学现象和性质,检验和区分一些常见的物质。

实验活动 4 一定溶质质量分数的氯化钠溶液的配制 使初中生运用所学实验技能,初步学会配制一定溶质质量分数的溶液。

实验活动 5 溶液酸碱性的检验 让学生初步学会用酸碱指示剂检验溶液的酸碱性,用 pH 试纸测定溶液的酸碱度。

实验活动 6 粗盐中难溶性杂质的去除 让初中生学习使用过滤、蒸发的方法分离混合物。

其他实验活动则是运用上述不同的实验技能,体验或探索所学习的知识内容,加深对所学知识的理解。

2. 化学课程标准对高中化学必修课和选修课提出的实验要求

化学课程标准对高中化学必修课和选修课提出了不同层次的实验要求。

(1) 化学课程标准对高中化学必修课提出的实验要求

必修课是所有学生都必须学习的课程,其实验活动的功能主要是保证化学基础知识的学习及对化学概念的理解,在运用实验基本技能解决简单化学问题的过程中进一步学习一些重要的化学研究方法,逐渐提高高中生的实验探究能力并形成绿色化学理念。为此,课程标准对化学必修课程提出了系列的实验活动内容要求。

实验活动 1 收集不同的水样,测定其 pH 值,并用图表和数据等表示实

验结果 目的是让学生学会用图表或数据表示实验结果,体验科学探究要用事实来论证,实验是研究化学的重要方法。

实验活动2 粗盐的提纯 在初中化学溶解、过滤和蒸发的实验基础上,提出实验所得到的食盐,还含有其他可溶性杂质,需要进一步的分离,引出两种重要的分离混合物的方法——蒸馏和萃取,进一步学习物质的检验、分离、提纯等实验技能。

实验活动3 实验探究配制一定浓度的溶液,比较不同浓度溶液的某些性质差异 通过实验告诉学生如何准确配制不同浓度的溶液,理解物质的量浓度与溶液质量分数概念的区别或差异,同时学习容量瓶的使用方法。

实验活动4 设计实验探究市售食盐中是否含有碘元素 让学生了解什么是实验设计,如何控制实验条件,怎样进行数据处理,培养学生独立或与他人合作完成实验任务、记录实验现象或数据、书写实验报告、与同学交流等实验探究能力。

实验活动5 铝盐和铁盐的净水作用、氯气的漂白性 通过实验了解常见的金属与非金属及其化合物的主要性质,认识它们在生活、生产中的应用及对生态环境的影响。

实验活动6 实验探究碱金属、卤族元素的性质递变规律 能结合元素原子的电子层数和原子最外层电子数及有关实验事实,认识元素性质随着原子核外电子数的改变发生周期性变化的规律,理解原子的结构与元素性质的关系。

实验活动7 实验探究温度、催化剂对过氧化氢分解反应速率的影响 在实验中认识化学反应的速率和化学反应的限度,了解控制反应的温度、浓度、压强和催化剂在生产和科学研究中的作用,能定量表示化学反应速率。

实验活动8 实验探究乙烯、乙醇、乙酸的主要化学性质 在实验中认识乙烯、乙醇、乙酸的组成、结构和主要性质,了解它们在日常生活中的应用,也为糖类、油脂、蛋白质等有机物的学习打好基础。

(2) 化学课程标准对高中化学选修课提出的实验要求

化学选修课是满足学生对化学学科的兴趣、向理工类专业发展的需要而设置的多种化学课程模块。其实验内容强调学生在实验情景下的实验探究及问题解决能力的培养,侧重于揭示化学反应的规律,使学生在实验中认识和理解一些化学实际问题,并在问题解决中学会物质的分离、物质性质的检验、物质的检测以及物质的制备等,促进学生实验技能的不断提高,为培养化学及其相关专业的人才做好基础知识与技能的准备。

实验活动 1 《化学与生活》中的实验探究：鲜果中维生素C的还原性　通过实验了解人体必需的维生素的主要来源和摄入途径，认识维生素对人体健康的作用。学习用数液滴滴数的半定量滴定分析方法。

实验活动 2 《化学与技术》中的实验：用碳酸氢铵和氯化钠制备碳酸钠，检验产品　学生在制备碳酸钠的实验中，了解我国基本化工生产情况及化学原理，认识化学科学发展对自然资源利用的作用，同时学习对产品碳酸钠的提纯和检测。

实验活动 3 《物质结构与性质》中的实验探究：明矾或铬钾矾的生长条件　体验晶格能的应用，根据离子键的强弱或离子化合物的结构特征解释某些物质的性质，进一步理解物质的微观结构与物质宏观性质的关系。

实验活动 4 《化学反应原理》中的实验：温度、浓度对溴离子与铜离子配位平衡的影响　通过实验探究温度、浓度等条件对化学平衡的影响，揭示化学平衡移动的一般规律，知道如何运用反应条件控制化学反应的快慢。认识化学平衡的调控在生活、生产及科学研究领域的作用。

实验活动 5 《有机化学基础》中的实验：乙醇的酯化、醛基的检验、乙酸乙酯的水解　这些实验过程及现象分析可以帮助学生认识醇、醛、羧酸、酯等典型代表物的组成和结构特点，了解它们之间相互转化的关系和有机化学反应的简单规律，是糖类、氨基酸、蛋白质及合成高分子化合物学习的重要台阶。

实验活动 6 《实验化学》中的设计实验：硫酸亚铁铵的制备及纯度测定　在指导学生设计制备硫酸亚铁铵的可行性实验方案中，培养学生解决化学问题的实验思维能力；在实验操作中学会实验技能的灵活运用；在实验信息获取和加工处理中，运用比较、归纳、分析、综合等方法对实验现象做出合理的解释；在产物的纯度检测中学习限量分析方法。

第二节　掌握中学化学实验教学的基本技能

从中学化学实验的内容可知，中学化学实验的基本技能主要包括加热，药品的取用、称量、溶解、过滤、蒸发、结晶和重结晶，溶液的配制、萃取和分液，中和滴定，气体的制取和收集，物质的检测等。学生的这些实验技能，一般是通过观察教师的演示实验、学生亲自动手的实验操作、实验探究等教学形式来掌握。为了完成各种形式的实验教学任务，化学教师必须做好充分的实验物质准备，能进行安全规范的实验操作,有目标地引导学生观察实验现象并对现象进行分析和解说,得出科学的结论。对于学生实验课,则要组织好学生的课前实验预习及课堂的实验操作示范与指导。这些都是中学化学教师必须掌握的基本实验教学技能,也是本课程学习的主要内容。

1. 化学实验教学前的物质准备和预备实验

化学实验教学前的物质准备主要是实验装置的准备和实验药品及其他实验用具的准备,为了保证课堂实验教学顺利展开,还必须做预备实验。

（1）实验装置的加工与组装

实验装置主要有气体发生和收集装置,如固-固加热反应制取难溶于水的气体实验装置(见图 1-1)、液-固加热反应制取密度大于空气的气体实验装置(见图 1-2);混合物分离装置,如蒸馏装置(见图 1-3)、过滤装置(见图 1-4)等。

图 1-1　固-固加热制取难溶于水的气体实验装置

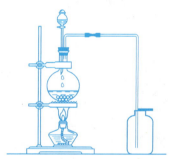

图 1-2　液-固加热制取比空气密度大的气体实验装置

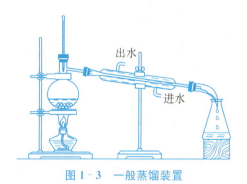

图 1-3　一般蒸馏装置

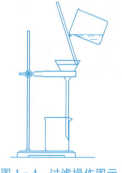

图 1-4　过滤操作图示

在加工和组装时,为了保证实验现象达到预期的观察教学效果,所选用的各种仪器规格要比例协调;使用的玻璃管粗细要一致,弯管的角度及长度应适合实验的操作要求,使用方便;整套密闭性装置,各种仪器之间的连接要严密,气密性要好;凡是尾气有毒的实验一定要采用尾气吸收或处理装置。对易污染环境的实验要尽可能采用微型化装置。

(2) 一般常用药品的配制或预处理

中学化学实验常用药品的配制主要指不同浓度酸、碱、盐的溶液配制,而药品的预处理主要指的是固态反应物在实验前的处理。例如,常用的 3 mol/L 硫酸溶液的配制、酸碱指示剂试液的配制、氢气吹肥皂泡的肥皂水配制、碳还原氧化铜的碳粉与氧化铜的处理等。

① 常见酸、碱、盐溶液的配制

配制酸、碱、盐溶液需要了解原酸、碱、盐的浓度和密度,然后才能根据所要配制溶液的浓度,计算确定溶质、溶剂的量,然后配制。表 1-1 是几种常见酸碱的密度和浓度。

表 1-1 几种常见酸、碱的密度和浓度

酸或碱	化学式	密度/(g/mL)	溶质质量分数	浓度/(mol/L)
冰醋酸	CH_3COOH	1.05	0.995	17
浓盐酸	HCl	1.18	0.36	12
浓硝酸	HNO_3	1.42	0.72	16
浓硫酸	H_2SO_4	1.84	0.96	18
浓氨水	NH_4OH	0.90	0.28~0.30(NH_3)	15
稀氢氧化钠	$NaOH$	1.22	0.20	6

从表中数据可知,由市售浓溶液加水稀释可以配成各种所需要的溶液浓度。

例 ① 用浓盐酸配制 2 mol/L 的稀盐酸溶液 100 mL。

计算: $C(浓) \cdot V(浓) = C(稀) \cdot V(稀)$,

$$V(浓) = \frac{2 \text{ mol/L} \times 100 \text{ mL}}{12 \text{ mol/L}} = 16.7 \text{ mL}。$$

配制: 用量筒量取约 16.7 mL 的浓盐酸,倒入 100 mL 的烧杯中,加入水至 100 mL 刻度线,用玻璃棒搅拌溶解均匀,注入规格为 100 mL 的试剂瓶中,贴好

标签。

例❷ 用固体氢氧化钠配制 50 mL 质量分数为 20% 的溶液(ω 表示溶质的质量分数)。

计算：　　　　$\omega = m(氢氧化钠)/m(溶液) \times 100\%$，

$$m(氢氧化钠) = 50\ mL \times 1.22\ g \cdot mL^{-1} \times 20\% = 12.2\ g$$

配制：用 50 mL 的烧杯放在托盘天平的左盘，称好质量，然后再加砝码与游码共 12.2 g，定量称氢氧化钠固体 12.2 g，取下烧杯，注入少量水搅拌溶解后再加水至 50 mL 的刻度线，用玻璃棒搅拌溶解均匀，注入规格为 50 mL 的试剂瓶中，贴好标签。

例❸ 配制 40 g 质量分数为 5% 的 NaCl 溶液。

计算：　　　　$\omega = m(NaCl)/m(溶液) \times 100\%$，

$$m(NaCl) = 40\ g \times 5\% = 2\ g。$$

配制：用托盘天平称取 NaCl 2 g，放入 50 mL 的烧杯中，水的质量为 38 g (40 g－2 g)，用量筒量取 38 mL 水倒入烧杯，搅拌均匀，注入规格为 50 mL 的试剂瓶中，贴好标签。

从上述配制过程可知，溶液配制的一般步骤为：计算—称量—溶解—装瓶。

要配制 3 mol/L 硫酸溶液，可以将 1 体积的浓硫酸加水稀释至 6 体积即可。要配制 3 mol/L 氨水溶液，则将 1 体积的浓氨水加水稀释至 5 体积。可见酸碱溶液稀释可以用溶液溶质质量分数的计算方法或物质的量浓度的计算方法，再按计算所得浓溶液与水的量配制，也可以用简单的体积比兑水稀释而成。这里介绍的是粗略的配制方法，若要准确配制，需用精确的称量器具，如移液管、容量瓶、分析天平等。

② 常用酸碱指示剂试液的配制

酚酞(ω 为 0.01)试液：溶解 1 g 酚酞于 90 mL 酒精与 10 mL 水的混合液中。

石蕊试液：2 g 石蕊溶于 50 mL 水中，静置一昼夜后过滤，在溶液中加 30 mL 95% 的乙醇，再加水稀释至 100 mL。

③ 其他两种溶液的配制

淀粉(ω 为 0.002)溶液：将 0.2 g 可溶性淀粉和少量冷水调成糊状，倒入 100 mL 沸水中，煮沸后冷却即可。

肥皂水溶液：用少量起泡效果较好的皂粉或洗头膏加水煮沸、搅拌，控制好溶液的浓度，充分溶解成稀胶状后冷却。

④ 固体反应物的处理

固体与固体反应通常要在干燥的情况下充分混合、加热才能反应完全。由于水分的存在会影响化学反应的速率，也会削弱催化剂的催化作用；充分混合才能使反应物较好地相互接触；加热可以提供反应所需要的能量。所以，有的固体反应物在实验前往往需要烘干并用研钵尽量碾细。

(3) 预备实验

为了检验所组装的实验装置或配制的溶液是否符合实验演示的要求，应在课前做预备实验。在预备实验中了解实验所需要的时间、实验可能呈现的现象、考虑如何引导学生观察、组织讨论，检查实验用具是否完备、实验的安全性等。尽最大努力做到在课堂演示中万无一失。

2. 化学实验的安全与规范操作

中学化学实验无论是教师的课堂教学演示，还是学生动手实验，都要重视实验的安全性和规范性，教师应在示范性的实验操作中遵守实验规则，培养学生良好的实验习惯。对易燃、易爆或有毒的化学实验，师生都要做好预防工作。

(1) 重视实验安全

化学药品中，有的有腐蚀性，有的易燃，有的易爆，有的有毒。所以，在实验中重视安全操作、熟悉安全知识是非常必要的。从实验准备到实验结束，每个环节都要注意安全。实验前要了解所用仪器的性能、药品的性质及有关注意事项；实验中要严格按照实验规范操作，注意力集中，严防事故发生，万一出现意外事故，要懂得一般救护措施；实验的废渣、废液要回收到指定的容器中，集中处理，不能随便丢弃污染环境；实验结束要及时关水、关电、关各种仪器并清理实验室。

(2) 规范实验操作

各种仪器的操作程序是化学前辈们在大量的经验教训中总结、归纳出来的，是引导学生顺利进行化学探究或有关化学实践活动的行动规范，规范的实验操作也是学生科学素养的重要组成部分。表1-2是中学化学实验常用仪器的操作规范汇总。

表1-2 常用化学仪器操作的规范要求

仪器或操作	安全操作要求
酒精灯	酒精灯外焰温度一般在400~500℃之间。装酒精应在灯体容积的1/3~2/3之间,用打火机或纸片点燃,不能用燃着的酒精灯去点另一个酒精灯。熄灭用灯帽,不能吹灭,不用时盖上灯帽
酒精喷灯	挂式喷灯的贮罐注入酒精应少于1/3体积,用毕应将贮罐中未用完的酒精回收。 座式喷灯加酒精一般在灯体容积的2/5~4/5之间,连续使用时间不要超过30 min,否则灯体内因为温度过高、压强增大,易崩裂。 两种喷灯使用时都要预热充分,若出现"火雨"应关闭,重新预热
直接加热	试管、坩埚、蒸发皿可直接加热。用试管加热液体的体积应少于试管体积的1/3,并与桌面呈45°角受热,管口不能对人;加热固体则管口要略向下倾斜,夹子应夹在试管的中上部
间接加热	烧杯、烧瓶、锥形瓶可以垫石棉网间接加热。若被加热物质的温度不超过100℃可用水浴加热。若被加热物质的温度要求超过100℃可用沙浴加热。容器加热后,要放在石棉网上冷却
固体物质取用	用洁净、干燥的专用药勺取药品,小颗粒或粉状的药品应先将试管横放,用药勺或纸槽把药品送入试管底部,再把试管竖起;块状的药品用镊子夹取,送入横放的试管口,再慢慢将试管竖立,以免打破试管底部
液体物质取用	取用少量液体用滴管,滴管口在受器上方大约0.5 cm处滴加药品;取用较多量的液体用倾倒法,受器倾斜,药瓶的口与受器口靠紧,标签向手心,倒后瓶口刮净;定量取用液体用量筒,视线与量筒刻度、液面凹底处保持水平,读出量取液体的体积
容量瓶的使用	容量瓶是准确配制一定浓度溶液的容器,使用前先要检查是否漏水,将手指顶住装水的瓶塞,另一手辅助将容量瓶倒立约2 min,若不漏水将容量瓶正立,瓶塞旋转180°后再次倒立,还不漏水,检漏合格。配置溶液先把准确称量的固体溶解在烧杯里的少量水中,用玻璃棒引流到容量瓶中,烧杯洗涤3、4次,洗涤液全部引流到容量瓶中,然后,加水至标线下约2 cm处,再用滴管滴加水到视线与液面凹底、刻度线相切。盖紧瓶塞,倒转或摇动使溶液混合均匀即可。振荡后若液面低于刻度,无须再加水
移液管的使用	将移液管用蒸馏水洗涤至内壁不挂水珠,用滤纸吸干尖嘴内外的水,用移取液润洗2、3次。移液时右手的大拇指和中指拿住管的上方,尖嘴插入移取液1~2 cm,左手拿洗耳球挤出空气插入移液管上口,慢

续　表

仪器或操作	安全操作要求
	慢松开挤扁的洗耳球,当溶液上升到刻度线以上时拔出洗耳球,迅速用右手食指堵住上口,将移液管垂直提出液面,靠在容器壁上小心捻动管身让多余的溶液流出至液面凹底与刻度线相切,食指压紧上口,将移液管从容器中取出,垂直插入受器,靠在内壁上,松开食指,让溶液全部流下再待15 s后拿出移液管。移液管若未注明"吹",无需吹出尖嘴内残留溶液
托盘天平的使用	托盘天平用于精度不高的称量,可精确到0.1 g。使用时先通过托盘两边的螺旋将指针调到刻度盘中间的零点；左盘放物,右盘放码；称10 g(或5 g)以下的物质,用标尺上的游码移动,使指针停留在零点而达到天平两边平衡,此时读出游码所示的质量就是所称量物质的质量；称10 g(或5 g)以上的物质,应先将游码移动到零,然后在右盘加上适量的砝码(由大到小),不够部分再移动游码,天平达到平衡后,砝码加上游码所示的质量就是称量物的质量。托盘天平不能称热的物质,被称量物可放在纸或玻璃器皿中称量,不能直接放在托盘上。称量完收回砝码
过滤	通常的过滤是分离难溶性固体与液体物质的一种方法。操作时将一张圆形的滤纸对折两次,然后打开成圆锥形,用少量水将其紧贴在普通漏斗的内壁,用玻璃棒轻压四周,赶走滤纸与漏斗壁之间的空气泡。然后放在铁架台的铁圈上,漏斗下端靠在烧杯的内壁。过滤时,把玻璃棒的一头靠在3层滤纸处,将烧杯中的过滤物质通过玻璃棒引流到漏斗中。注意：滤纸必须低于漏斗的边缘、滤液必须低于滤纸的边缘
蒸发	蒸发可以将固体溶质从其溶液中分离出来。蒸发时要注意：蒸发皿中的液体体积不要超过其容积的2/3；加热到溶液表面有晶膜出现时,改用小火或水浴慢慢加热,或停止加热自然冷却；加热后的蒸发皿不可骤冷,否则易破裂
结晶与重结晶	结晶与重结晶可以将溶解度相差较大的两种可溶物分离开来,其操作步骤是：先溶解,再蒸发制成高温时的饱和溶液,自然冷却结晶,最后过滤。为了得到较纯净的晶体,将所得到的结晶物重复上述操作过程就称为重结晶。重结晶的次数越多,晶体的纯度越高,但产率越低。
蒸馏	互溶的液体混合物可根据它们不同的沸点通过蒸馏将它们分离。蒸馏装置如图1-3所示,在操作中,温度计的水银部分应插在蒸馏瓶支管处,能准确测得馏出气体的温度；冷却水应从冷凝管的下端入口流入,上端出水口流出,使馏出气体的温度经历从高到低过程而液化完全。被蒸馏的物质沸点不能太高,在蒸馏时不会分解

续 表

仪器或操作	安全操作要求
萃取与分液	萃取是用一种溶剂将某一溶质从它与其他溶剂所组成的溶液中分离出来的一种方法。分液是将两种互难相溶的液体分开的方法。中学化学实验中的萃取与分液用分液漏斗进行。所用分液漏斗的容积应是被萃取溶液与加入的溶剂总体积的 1.5 倍。将两种液体从分液漏斗口加入,塞好塞子,右手掌心顶住塞子,将漏斗口向下倾斜,左手拇指和食指控制好漏斗的活塞,振荡 1～2 分钟,打开活塞放气,反复振荡直至产生的气体很少,将分液漏斗正放在漏斗架上静置,待分层后,打开塞子,再慢慢旋开活塞将下层液体放出。为了得到纯度较高的产品,可以重复操作
气体的制取	实验室里气体的发生装置要根据反应物的状态和反应条件确定,若反应物都是固体,反应需要加热,则可选用实验室制取氧气的装置;若反应物是固体与液体,反应无需加热,可选用实验室制取二氧化碳的装置,若反应需要加热则选择图 1-2 的装置。收集气体时,气体密度大于空气的用向上排气集气法;密度比空气小的用向下排气集气法;气体难溶于水且不与水反应的用排水集气法收集
气体净化与干燥	洗气一般在洗气瓶中进行,将气体通入密闭洗气瓶中的溶液(除杂)中,杂质可被吸收或转化,洗涤后的气体再通入干燥管中即可。除杂剂有强碱溶液、浓硫酸、饱和酸式盐溶液。氢氧化钠溶液,可吸收酸性气体(二氧化碳、氯气等);浓硫酸可除去二氧化碳、氧气等气体中的水分,要求气体不具有还原性或碱性;饱和碳酸氢钠溶液能除去二氧化碳气体中混有的氯化氢气体。干燥剂通常有无水 $CaCl_2$、P_2O_5、CaO 等,$CaCl_2$ 是中性干燥剂,会与氨气反应,所以不能干燥氨气;P_2O_5 可以干燥有还原性、无碱性的气体;CaO 不能干燥酸性的气体
滴定管的使用	滴定管是进行滴定实验的仪器,用于测定溶液中某物质的含量。滴定管有酸式滴定管和碱式滴定管两种。滴定管使用前先要检漏,若酸式滴定管漏水,需拔出玻璃活塞清洗干净,同时清洗塞槽内壁,在塞孔周围涂上凡士林,装好。若碱式滴定管漏水,则要更换橡皮管或玻璃珠。检漏合格后,将滴定管用自来水、蒸馏水清洗干净,再用滴定液润洗 2、3 次。 注入滴定液时注意排除管内的气泡,让滴定液面的凹底与 0 刻度线相切。滴定时左手控制活塞(或挤捏玻璃球)让滴定液缓缓滴下,右手持住锥形瓶口颈做一个方向的圆周运动,接近终点时滴液速度放慢,每次滴 1 滴或半滴,右手不停地摇动,直到终点。准确读出所用溶液的体积。滴定结束,把滴定管清洗干净。

3. 实验现象的处理与推论

中学化学实验是让中学生在直观的化学事实中学习化学知识,在化学问题的解决中培养能力,这就需要在教学中对实验现象进行有目的的观察、记录、分析与推论,从中体验科学的方法、得出科学的结论。

(1) 实验现象的观察与记录

不同的实验在化学教学中有不一样的教学功能,有的是让学生了解实验的操作方法,有的是认识物质的性质,有的则要比较物质发生化学变化的不同现象寻找变化规律等。所以,在化学实验中要有针对性地引导学生观察和记录。

① 实验技能的观察与记录

实验技能包括各种实验仪器的使用、实验装置的组装、实验操作的详细步骤和注意事项等。初中化学中一些经典的演示实验就是要让学生在学习化学知识的同时了解一定的化学实验技能。例如,实验室制取氧气的实验,在教学中除了让学生了解实验室制取氧气的化学原理、催化剂概念等,还要注意让学生观察和记录该实验使用了哪些仪器,各种仪器如何连接,实验操作的详细步骤和方法,产物的检验,实验结束时装置的拆除顺序,注意事项等。使学生在学习实验室制取氧气的化学原理、实验步骤同时,了解简单化学仪器的使用及实验操作应注意的事项。

② 物质性质的实验观察与记录

物质性质是中学化学最基础的知识,是帮助学生形成化学概念,进行化学抽象的依据。其课堂教学常常要通过演示实验展示各种物质的物理性质和化学性质。由于不同的物质性质不同,教师在演示实验时要引导学生观察物质反应前的颜色、状态,反应的条件,反应的现象,生成物的颜色、状态及其变化的主要特征,做好详细的信息记录,为实验现象的分析与推论做好资料准备。

在高中必修1"金属的化学性质"教学中,学习金属钠的性质就需要展示实物金属钠,让学生观察其颜色与状态;然后演示钠在空气中燃烧及其与水反应的实验,引导学生观察和记录实验的条件、实验的方法、实验的现象、产物的颜色和状态,从而得出:金属钠是一种具有金属光泽的银灰色固体,常温下就能与大多数非金属和水发生剧烈反应,化学性质活泼。

③ 物质发生化学变化的规律性实验观察与记录

在物质变化的规律中学习化学,这是事半功倍的科学方法。中学化学中质量守恒定律、元素周期律等概念的学习就是通过实验事实,说明物质发生化学变化的质量守恒规律,和不同原子随着原子核外电子数的改变其化学性质呈现递变的规律。在这一类实验演示或探究中,要指导学生关注实验现象的通性及相异性,作好记录,以便从变化的趋势中得出正确的、规律性的化学结论。

高中化学必修2卤素性质的学习,就对卤素单质与氢气发生反应的实验现象规律进行了详细的记录。从记录的资料中可以看出,卤素的化学通性是都能与氢气发生反应,相异性是反应对温度的要求随着卤素原子核外电子层数增加而增加、反应的剧烈程度随着卤素原子核外电子层数增加而减弱。这些规律性知识的记录有利于学生对卤素各元素性质的区别性认识。

(2) 分析、推论实验现象

在化学教学中,对实验现象的观察与记录常常是为了从中分析出物质变化的本质属性,或者从物质变化的宏观现象推测物质的微观结构,更重要的是在不同实验现象的比较中归纳出化学概念、化学定律等。所以,合理地分析实验现象是中学化学教师必须具备的教学技能。

① 分析实验现象得出物质的性质

对于性质实验来说,教师要引导学生在实验现象的分析中得出物质的具体性质。

金属钠与水反应时浮在水面上,说明钠的密度比水小;金属钠与水反应熔化成银色的小球,说明钠的熔点低,生成的气体经检验是氢气;金属钠与水反应后酚酞水溶液变红,说明产生了可溶的碱性物质,从反应物元素种类只有Na、H、O分析,该碱性物质是氢氧化钠,然后根据实验现象写出化学反应方程式。

用实验事实认识物质的性质不但有说服力,而且可以活跃课堂气氛,激发学生的学习兴趣,启迪学生的思维。

② 分析实验现象推测物质的微观结构

由于物质的结构决定物质的性质,物质的性质反映物质的结构。所以,在化学实验教学中常常从物质化学反应的宏观现象推测物质的微观结构。

高中化学必修2学习有机物苯,就用了两个实验,一个是向苯中加入溴水,另一个是向苯中加入酸性高锰酸钾溶液,两个实验都没有出现褪色现象。分析实验现象,推测苯不与溴的四氯化碳溶液及酸性高锰酸钾溶液反应,说明苯分子中不存在和乙烯类似的双键。引导学生阅读有关文字,总结出苯分子的结构特征:苯分子具有平面正六边形结构,其中的6个碳原子之间的键完全相同,是一种介于单键和双键之间的独特的键,可以用正六边形中一个圆圈来表示苯分子。

在化学学习中,常常用实验事实来论证某种物质的微观结构,这是自然科学研究的一种重要方法。

③ 分析实验现象归纳变化规律

分析实验现象的本质原因,然后归纳综合、揭示化学变化的规律,使学生从事物外部表现形式的认识逐步上升到内部的理性认识,从而形成化学概念。这是化学基础理论教与学的重要过程。

分析相同条件下钠与水反应比镁与水反应剧烈的实验现象,说明钠的金属性比镁活泼;分析镁与酸反应比铝与酸反应剧烈的现象说明镁的金属性比铝活泼。推论:元素周期表中,同一周期的元素从左到右,原子最外层电子数逐渐增加,金属性逐渐减弱,这是元素性质的周期性表现规律。

通过这种对实验现象的比较、分析、综合,可以加深学生对元素周期律概念的理解。

(3) 对失败的实验追因

化学课堂的实验演示,有时会出现失误,或不能达到预期的实验观察效果,教师对失败的实验应作出合理的解释。若时间来得及,可以根据解释的原因改进操作方法,重新做一遍;若时间不够则要告诉学生下一节课或课后再找时间重做。

制备白色氢氧化亚铁沉淀的演示实验,常常容易得到灰绿色的沉淀,而且沉淀的颜色迅速变深。这是因为反应后,溶液体系的pH值小于7.45,且生成的氢氧化亚铁浮在溶液表面接触到空气被氧气氧化的原故。教师重新实验要增大所使用的氢氧化钠浓度,同时使用洁净的铁钉与稀硫酸反应,现场制得低浓度硫酸亚铁溶液,并在实验中注意滴入顺序,尽可能地使生成的氢氧化亚铁沉在溶液中与空气隔离,可以得到纯白色的氢氧化亚铁沉淀。

对暂时无法准确找出失败原因的实验,可以让学生课后一起查找资料探索,共同参与问题的解决,让学生知道人类对自然的了解是有限的,需大家的共同努力才能不断深入。所以,教师对上课的知识内容和实验方法要深入研究,广泛了解有关方面的最新信息及教学方法,进行实验的创新或改进,避免演示实验的失误。

4. 学生实验的教学组织

学生实验是指在教师的指导下,让学生为解决某一化学问题独立进行实验操作,观察和思考获取化学知识或验证知识、培养技能、技巧的教学。组织学生实验,是中学化学教师的实验教学技能之一。其基本程序是:教师先要做好充分的实验物质准备和课前预备实验,实验课前要检查学生对实验内容预习的情况,要求学生对实验的详细步骤、安全操作的注意事项等心中有数。实验过程中教师要巡视,做必要的演示、指导,督促学生对实验观察到的现象或数据作详细记录。实验结束要指导学生分析实验现象或数据处理,综合归纳,得出结论,写好实验报告。

第三节 把握化学演示实验成功的关键

实验成功与否受诸多因素影响,为了使化学实验达到预期的效果,教师首先应该明确演示实验的教学功能,知道实验应进行到什么程度,出现哪些现象,采用什么操作方法来控制实验的条件,缩短实验时间。把握实验成败的关键因素,让实验现象尽可能在短时间内鲜明地展现给全班同学,才能顺利地引导学生观察,并在实验问题思索中启迪思维。

1. 明确演示实验应呈现的关键现象

演示实验的目的是辅助教学,教师必须明确实验应呈现哪些现象才能成功地引导学生分析化学变化的本质原因,得出正确的结论。

演示氧气的化学性质实验,关键是要展示:

① 可燃物在氧气中燃烧比在空气中燃烧更为剧烈而突出氧气的助燃性;

② 不同的物质燃烧的现象不尽相同、燃烧的产物有不同的特点而得出可燃物与氧气反应的文字表达式。

然后才能分析实验现象和归纳文字表达式得出氧气具有助燃性,在通常状况下就可以与许多物质发生反应、化学性质活泼的结论。

为此,该实验要求出现以下现象:

(1) 硫在空气中燃烧产生淡蓝色火焰,在氧气中燃烧产生蓝紫色火焰,产物有刺激性气味(从火焰颜色的深浅判断燃烧的剧烈程度、从产物的状态和气味判断生成了二氧化硫气体)。

(2) 碳在空气中燃烧只是红热现象,而在氧气中燃烧会出现火星和火红现象,生成物可以使澄清的石灰水变浑浊(看出碳在氧气中燃烧更为剧烈、生成了二氧化碳气体)。

(3) 铁在空气中不能燃烧,但在氧气中能剧烈地燃烧,火星四射,生成黑色的熔断物(表明有的物质在空气中不能燃烧,但在氧气中却能剧烈燃烧、铁燃烧的产物是四氧化三铁)。

上述实验现象足以说明氧气的助燃性和活泼性,也可从反应的产物得出相应的化学反应文字表达式,为化合反应和氧化反应概念的推出提供教学案例。

2. 把握影响实验成败的关键因素

要把握演示实验成败的关键,首先要分析实验的原理,从实验原理中选择实验装置,设计实验操作步骤或方法。对影响实验的主要因素进行科学性处理,才能使实验呈现鲜明的现象而有利于辅助教学论证或解说。

碳还原氧化铜实验的实验原理为

$$2CuO + C \xrightarrow{高温} 2Cu + CO_2 \uparrow$$

原理显示,反应物都为固体,反应条件是高温加热,反应产物的气体二氧化碳需要用澄清石灰水检测,所以,反应装置选择与制氧气的装置相同,将生成的气体通入盛有澄清石灰水的试管或烧杯中检测生成的二氧化碳;根据化学方程式计算,氧化铜与碳完全反应的质量比为13.3∶1。由于反应在高温条件下进行,碳会与空气中的氧气反应消耗一部分质量,同时为了加强碳的还原作用,使用碳的质量应比计算值高。资料表明,氧化铜与碳的质量比应在7∶1~10∶1之间可以得到较理想的实验结果;此外,反应物的湿存水在受热时蒸发成水蒸汽要消耗热量,试管内大量的水蒸汽会影响反应的进程,所以反应物在实验前要干燥;还有,氧化铜和碳在加热前还需混合后充分碾细,以加大它们相互接触的表面积,提高反应速率。根据这些实验原理的分析确定本实验操作的基本步骤为:

(1) 将反应物氧化铜和碳放在干燥箱中调温到100℃干燥、冷却;

(2) 用托盘天平按氧化铜与碳的质量比7∶1~10∶1之间分别称量好氧化铜、碳的质量;

(3) 将称好的氧化铜与碳放在研钵中用力碾细混合均匀;

(4) 将碾好的混合物装入小试管中大约1cm高,固定在铁架台上;

(5) 用调好火焰的酒精灯(最好是喷灯)先预热后对准堆积的反应物加热;

(6) 待试管内反应呈现红热现象,澄清石灰水变浑浊,撤去酒精灯。试管口换无孔塞塞紧冷却,避免空气进入而使高温下的铜被氧化。

按照上述实验操作方法,可以制得较大颗粒、具有金属光泽的铜珠,证明碳的还原性。可见碳还原氧化铜这个实验成功的关键因素有:反应物的质量比、高温、充分混合、干燥 4 个主要方面。这 4 个环节中的一个没有把握好都会导致实验失败。

3. 灵活运用实验操作的技巧

灵活运用实验的操作技巧也是保证演示实验成功的关键因素。

氨催化氧化实验,其实验原理为

$$4NH_3 + 5O_2 \xrightarrow[\triangle]{\text{催化剂}} 4NO + 6H_2O$$

实验时氨气由氯化铵分解提供,氧气由高锰酸钾分解提供,催化剂是氧化铜与二氧化锰的混合物。由于氯化铵的分解速度快于高锰酸钾的分解速度,催化剂又需要先加热激活,所以该实验的加热顺序是:先加热催化剂 2 min,再用另一个酒精灯同时加热高锰酸钾至其分解,然后将加热催化剂的酒精灯移到氯化铵处加热。所以,3 种固体不能混合,而是分段放入试管中,先放高锰酸钾,再放氯化铵,最后放催化剂,之间用玻璃纤维隔开 1~2 cm。若氯化铵分解提前,则实验结果会产生大量白烟而导致实验失败。

铁丝在氧气中燃烧的实验,先要选择粗细适中的铁丝,打磨去掉细铁丝表面的氧化膜。这是本实验的技巧(选择太粗的铁丝不容易点燃,选择太细的铁丝不好打磨)。然后螺旋状缠绕在小木条上,小木条点燃片刻后伸进装有氧气的集气瓶中,从上到下缓慢插入,充分使用瓶内的氧气,才能保证实验的成功(若迅速插入集气瓶低,则瓶内的氧气会因为受热膨胀而逸出导致实验失败),这是本实验的另一个技巧。

可见,不同的实验有不一样的操作技巧,在实验中要灵活运用各种实验技巧,才能保证实验达到预期的教学效果。

4. 合理控制实验的时间

化学课堂演示实验除了要求现象鲜明以外,还要求较短时间内完成实验,因为学生的注意力难以长时间持续,特别是初中生,长时间没出现观察内容,学生容易躁动,课堂教学不好把控,也不利于教学任务的安排。可见,合理控制实验时间也是演示实验成功辅助教学的一个方面。

甲烷的性质实验,在制备甲烷时,从对醋酸钠和氢氧化钠的混合物加热开始,到制得较多量的甲烷气体需要 8 min 左右,空白实验时间太长;若改用碳化铝在氢氧化钠的水溶液中水解制取甲烷,可以在 4~5 min 内完成。碳还原氧化铜实验用酒精灯加热实验时间较长,若改用酒精喷灯加热实验 1~2 min 内就能完成。而实验室制取氧气的实验若反应速度过快,得到的氧气会有白雾,不利于学生对氧气性质的认识,通过酒精灯火焰的移动控制反应温度,使氧气冒出的气泡连续可数即可消除白雾现象,所以,实验室制取氧气的实验反应速度不能太快。

可见,为了让实验现象符合教学观察的需要,教师可以通过调控实验条件、改变实验方法等多种途径控制实验时间。

第四节 化学演示实验的创新

化学课堂演示实验承载着多种教学功能,是学生学习化学原理、习得化学方法的重要途径。但是,有的实验演示结果难以把握,有的实验装置复杂,有的实验操作繁琐,有的实验耗时太长等,都会不同程度地影响学生的观察学习及教师的论证推理。所以,中学化学教师对教材中某些演示效果不佳的实验,要改进或创新,提高演示实验的教学效果。例如,可以改进实验装置,使实验装置更加完善,便于操作与观察;改进实验方法,使实验步骤更加简单明了,学生容易记忆;改进实验原理,缩短实验时间,提高教学效率;也可增设一些教材上没有的实验,来增强化学实验的趣味性或促进学生对某一方面知识的理解。

1. 实验装置创新

实验装置的改进包括对原来装置的完善或重新设计。

用氯酸钾和二氧化锰加热制取氧气的实验,常用图 1-1 所示实验装置。这个实验装置需要在实验中不断移动酒精灯火焰,控制氯酸钾分解的速度,让氧气气泡冒出时连续可数,才能制得无色、无味的氧气。所以,制取一瓶无色无味的氧气需要较长的时间。改进的方法是:在制气装置和取气装置之间连接一个装有氢氧化钠溶液的洗气瓶,就无需在实验中移动酒精灯火焰,基本除去氧气的杂质气味,并消除白雾现象。经检验确定,氧气中的杂味是氯气,白雾是水蒸汽。加了洗气装置后,氯气溶于氢氧化钠溶液,玻璃导管加长,氧气经过较长的途径被降温,收集时不会产生大量的水蒸气。但是,若连续收集 3 瓶以上氧气,还是会逐渐增加少量的杂质气味和白雾。

改进某化学实验原理,则需要重新根据原理设计新的实验装置,这将在后面提到。对于有毒气产生或会污染环境的实验,可以设计微型化实验装置予以改进。

2. 从实验方法上创新

有的实验装置无需改进,但操作方法需要一定程度的改进,才能提高实验的演示效果。

制备白色的氢氧化亚铁其装置参见第二篇图实验 7-2。按照通常的程序操作,该实验很难制得白色的氢氧化亚铁。改进的方法是:装置不变,使用浓度为 7~9 mol/L、经加热至沸后冷却的氢氧化钠溶液,现场用洁净的铁钉与 3 mol/L 硫酸溶液加热反应,制得浅绿色浓度较低的硫酸亚铁溶液。操作时,用较长的滴管吸取氢氧化钠溶液,弃去第一滴,迅速插入硫酸亚铁溶液中,缓慢挤出部分氢氧化钠溶液(滴管中的氢氧化钠溶液不能全部挤出),可以得到洁白的氢氧化亚铁沉淀。这是因为,浓度较大的氢氧化钠溶液与浓度较低的硫酸亚铁反应后,溶液体系的 pH 值大于 7.45,生成的氢氧化亚铁会沉淀在溶液中不被空气中的氧气氧化。

3. 实验原理创新

有的化学实验原理决定了该反应的速度或操作难度,要提高其观察教学效果,需要从化学原理入手创新并设计新的实验装置。

实验室制备甲烷,其反应原理为

$$CH_3COONaOH + NaOH \xrightarrow{\triangle} Na_2CO_3 + CH_4 \uparrow$$

大量实验证明,这个反应无论是否使用二氧化锰作催化剂,从开始加热到产生较多量的 CH_4 气体都需要 8 min 以上,这对于课堂演示实验来说,耗时太长,而且温度控制不好的话还会发生副反应,产生不饱和烃或丙酮,影响学生对 CH_4 性质的认识。经研究,改用少量碳化铝在氢氧化钠溶液中水解制备 CH_4,可以控制时间在 4 min 左右,就能制得较多量的、纯净的 CH_4 气体,满足接下来 CH_4 性质实验的需求。碳化铝水解的化学方程式为

$$Al_4C_3 + 4H_2O + 4NaOH \xrightarrow{\triangle} 4NaAlO_2 + 3CH_4 \uparrow$$

随着实验原理的改变,反应物的种类和状态也发生了改变,所使用的实验装

置和实验操作方法也需要重新设计。

4. 提高实验趣味性

有的实验可以增强趣味性,引起学生的有意注意。

初中化学上册对分子运动的教学中,用一个大烧杯罩在放有两个分别装有酚酞试液、氢氧化钠溶液的小烧杯上,让学生观看氢氧化钠液面逐渐从无色变红色,来说明分子是不停地运动的。如果改用棉花扎在小树枝上,将氢氧化钠溶液滴在棉花上,然后将大烧杯罩住小树枝和装有酚酞试液的小烧杯,可以观看到开满红花的"圣诞树",然后再解释分子运动的知识,课堂气氛会更加温馨而有趣,学生的注意力也会更加集中而有利于学生对分子运动知识的学习和记忆。

5. 增添实验

为了促进学生对某方面知识的理解,可以增加教材上没有的实验。

学习了金属钠的性质后,可以增添一个用水点酒精灯的实验。在酒精灯的灯芯里放一小粒金属钠,然后滴水点燃酒精灯。请学生根据钠的性质解释该现象的原因。这个实验就像一个小魔术,既可以提高学生的学习兴趣,又可以吸引学生对实验现象的思考而促进对金属钠与水反应性质的运用和记忆。这也是一种教学创新。

以上是化学演示实验创新教学常用的方法,可以给化学演示实验教学研究提供一些思路。在教学中,要根据教学内容灵活运用。

第二章
中学化学演示实验的教学功能

化学演示实验贯穿在整个中学化学的教学中,是教师通过经典的实验装置、典型的操作方法、鲜明的实验现象,引导学生认识所用仪器的种类和连接方式,了解实验过程的具体步骤,分析化学变化的原理,从而训练思维方法,培养化学问题解决能力的重要教学手段。高师化学专业的学生明确化学实验在教学中的各种功能,了解演示实验在中学化学教学中的价值是十分必要的。

第一节 化学演示实验的概念及分类

化学演示实验有多种类型,不同类型的实验其主要教学功能也不相同。

1. 演示实验的概念

演示实验是指在课堂上表演示范的实验,主要是教师根据教学内容示范操作,学生则观察思考,例如,氧气性质的教学;也可以是个别学生做实验,其他同学观察讨论的形式,如二氧化碳气体的检验。演示实验往往易于操作、现象鲜明、针对性强、示范性好,是中学化学课堂教学中用的最多、最生动有趣的直观教学形式。学生对演示实验过程及结果的感知往往会留下较深刻的印象,有利于形成正确的化学概念和基本理论,可以帮助学生理解和记忆相关的化学知识。所以,演示实验是一种基本的科学教育和教学的方法。

2. 演示实验的分类

根据辅助教学的功能不同,化学演示实验可以分为探究性演示实验、验证性演示实验和指导性演示实验。

（1）探究性演示实验

探究性演示实验是教师边操作、边讲解，教师引导学生带着问题观看实验现象，分析和推理，进而认识事物发生的本质原因的教学模式。教师先要依据教学目标创设教学情境，预测实验方法，然后讲述实验原理、实验条件、操作步骤和注意事项，再边讲边实验边讨论，最终得出正确的结论。这类模式通常用于新课学习，以学生获取新知识为目的。从认识规律上看，是一种由个别到一般的认识过程。

（2）验证性演示实验

验证性演示实验是教师在讲授完新知识以后，为了证明某种物质的存在，或物质之间的区别而进行的实验。教师在运用化学知识解决具体问题时，需要梳理和辨别所涉及的化学知识或变化规律，再运用演示实验验证，来获得正确的结论。这种模式通常用于复习课或解决某些化学问题，以验证或巩固已学过的化学知识为目的。从认识规律上看，往往是由一般到个别的认识过程。

（3）指导性演示实验

指导性演示实验是在实验室或实习时指导学生正确操作的实验。例如，在上学生实验课时，教师通常需要演示某些实验内容，起示范作用，通过这种指导性的演示操作，能使学生正确而迅速地习得实验操作方法，明确观察要点，避免在实验过程或使用实验仪器和试剂方面出现大错误。这类演示实验需要教师说明实验要求、操作要领和应注意的安全事项，教师在示范中动作要规范、装置要美观，操作要熟练，能把握实验成败的关键，并得到预期的实验结果。

第二节　中学化学演示实验的教学功能

依据人民教育出版社九年级化学教科书（2012 年 6 月第一版）和普通高中化学教科书（2007 年 3 月第 3 版）及新课标对化学实验教学改革的要求，化学演示实验主要体现 4 个方面的教学功能：引导学生在化学变化的事实中学习化学知识的功能，在具体的化学实验中训练学生操作技能的功能，在化学现象的分析和推理中启迪学生思维的功能及在化学知识运用中认识化学知识的社会应用功能。

1. 化学演示实验的知识教学功能

从心理学角度看,知识分为狭义知识和广义知识。狭义知识是指能储存在语言文字符号或言语活动中的信息或意义,如各门学科的事实、概念、公式、定理等,不包括技能和策略等调控经验。广义的知识是指个体与环境相互作用后获得的一切信息及其组织,心智技能和认知策略也包含在其中,泛指人们所获得的经验。此外,在认知领域的教育目标分类系统中,布鲁姆把知识分为具体的知识、方式方法的知识和普遍原理的知识。

(1) 演示实验在化学具体知识教学中的功能

化学学科的具体知识包括物质所呈现的客观事实、物质的化学性质、化学元素符号、化学术语及基本概念等方面的知识。在中学化学教材中都尽可能地把这些知识穿插在化学演示实验中,让学生在实验现象的观察中学习具体的化学知识。

实验活动 1 人教版初中化学教材上册第二单元课题2氧气 需要3次演示实验,它们分别为:

实验2-2 把带火星的木条伸到盛有氧气的集气瓶中。

实验2-3 在燃烧匙放少量硫、加热,直到发生燃烧,观察硫在空气里燃烧的现象。然后将燃着的燃烧匙伸进充满氧气的集气瓶里,再观察硫在氧气里燃烧所发生的现象。比较硫在空气里和在氧气里燃烧有什么不同。

实验2-4 把两根光亮的细铁丝分别盘成螺旋状。取一根在酒精灯上烧至红热,观察现象;另取一根,在下端系一根火柴,点燃火柴,待火柴快燃尽时,插入充满氧气的集气瓶中(预先放一些水)观察现象。

这3次演示实验的目的是让学生知道氧气具有助燃性,可燃物在氧气中燃烧比在空气中燃烧更剧烈,让学生在实验现象分析中得出化学变化的文字表达式,然后比较文字表达式,导出化合反应和氧化反应的概念,引导学生对氧气具有氧化性的理解。

氧气的这些性质和概念都属于具体的化学知识,可见,化学演示实验是学生在直观感知中学习化学具体知识的重要媒介。

(2) 演示实验在化学方式方法教学中的功能

演示实验是一种课堂实践活动,不同的实验过程会展示不同的方式方法。学生在观察实验过程和对现象的探究中,既能获得有关的化学知识,也能学习相关的化学实验技能,还能认识化学学习的科学方法,如观察法、实验法、实验记录法、对实验数据和事实的处理方法、假设演绎法、模型法等。长时期的训练和积累,可以促使学生逐渐掌握学习化学的基本方法,促进科学素养的不断提高。

实验活动2 人教版高中化学必修2第二章第3节 学习影响化学反应的因素这节课要进行两次演示实验:

实验2-5 在两支大小相同的试管中,装有2~3 mL约5%的H_2O_2溶液,分别滴入1~2滴1 mol/L $FeCl_3$溶液。待试管中均有适量气泡出现时,将其中的一支试管放入盛有5℃左右冷水的烧杯中;另一支试管放入盛有40℃左右热水的烧杯中,观察现象并比较。待放入热水烧杯中的试管里出现大量气泡时,用带火星的火柴梗检验放出的气体。将现象和结论记入表2-1中。

表2-1 温度对化学反应影响的记录

	现 象	结 论
热水中		
常温		
冷水中		

实验2-6 在3支大小相同的试管中各装入2~3 mL约5%的H_2O_2溶液,再向其中的2支试管中分别加入少量MnO_2粉末、1~2滴1 mol/L $FeCl_3$溶液,对比观察现象。将现象和结论记入表2-2中。

表2-2 催化剂对化学反应影响的记录

	现 象	结 论
加入MnO_2		
加入$FeCl_3$		
不加其他试剂		

这两个演示实验中涉及多种实验方法,如变量控制法(控制其他条件不变的情况下改变反应的温度,控制其他条件不变的情况下加入不同的催化剂)、表格记录法及实验结果归纳和处理法等。经历这样的学习,不仅能得出影响化学反应速率的主要因素有哪些,还能体验科学探究的一般过程,学到基本的化学实验处理方法——变量控制法,并在不断训练和积累中掌握这些化学科学方法。可见,化学演示实验是学生认识化学科学方法的必要途径。

(3)演示实验对形成化学原理、概念的教学功能

化学学科的原理知识主要包括化学概念、化学定律和化学基础理论及物质结构理论等。这些知识的学习,有利于学生对物质的本质属性和变化规律的认识,它的特点是具有严密的逻辑性和严格的科学性,是学生今后自身发展所需的化学基础知识。中学化学课堂中常常要借助化学演示实验所表达的事实,直观地分析、综合、类比和归纳来形成化学概念或化学基础理论。

实验活动3 人教版初中化学教科书上册第五单元课题1质量守恒定律常用以下探究性演示实验:

实验一 如图2-1所示,在锥形瓶的底部铺一层细沙,细沙上放一小堆干燥的红磷。在锥形瓶口的橡皮塞上安装一根玻璃管,玻璃管的上端系牢一个小气球,并使玻璃管下端能与红磷接触。将锥形瓶和玻璃管放在托盘天平上用砝码平衡,记录所称的质量m_1。然后,取下锥形瓶,将橡皮塞上的玻璃管放到酒精灯火焰上灼烧至红热后,迅速用橡胶塞将锥形瓶塞紧,并引燃红磷。待锥形瓶冷却后,重新放到托盘天平上,记录所称的质量m_2。

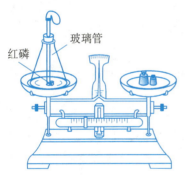

图2-1 红磷燃烧前后质量的测定

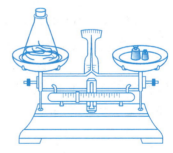

图2-2 铁钉与硫酸铜溶液反应前后质量的测定

实验二 如图2-2所示,在锥形瓶中加入适量稀硫酸铜溶液,塞好橡皮塞。用砂纸将几根铁钉打磨干净,将盛有硫酸铜溶液的锥形瓶和铁钉一起放在托盘天平上称量,记录所称的质量m_1。将铁钉浸到硫酸铜溶液中,观察实验现象。待反应一段时间后溶液颜色改变时,将盛有硫酸铜溶液和铁钉的锥形瓶放在托盘天平上称量,记录所称的质量m_2。

比较上述反应前后的质量,分析两个实验的结果,你能得到什么结论?
教师在学生讨论得出$m_1 = m_2$的基础上,指出:不管反应物的状态是气态、

固态或是液态,也无论反应在什么条件下发生,大量实验证明,参加化学反应的各物质的质量总和等于反应后生成的各物质的质量总和。这个规律叫做质量守恒定律。教师用大量的实验事实为依据,论证化学反应中的质量守恒规律,可以充分地说服学生接受和理解质量守恒定律,从而了解常见化学反应中,反应物和生成物各物质之间的质量关系,把感性的知识上升到理性的知识。可见,化学演示实验是学生进行化学推理和判断的重要依据。

2. 化学演示实验的技能训练功能

技能是运用已有的知识或经验解决实际问题的能力,包括智力方面的技能和操作方面的技能。学生的化学技能需要在不断练习中形成,在经常运用中完善。化学演示实验可以展示详细的操作方法和步骤,学生在不断地观察、思考和练习中发展智力技能,也可以引导学生在模仿的基础上发展操作技能。

(1) 演示实验对学生智力技能发展的功能

演示实验教学常常要记录与处理数据、现象,让学生在观察、分析、比较、交流、推断与归纳中获得结论,可以发展学生数据处理、组织和传播科学信息的能力,也可以发展学生实验探究的能力,如收集信息的能力、比较辨别的能力、问题的陈述与解释的能力以及知识迁移的能力。

实验活动4 人教版初中化学教材上册第六单元课题3 第一课时中二氧化碳与水反应的教学所采用的演示实验:

实验6-5 取4朵用石蕊溶液染成紫色的干燥的纸花。第一朵纸花喷稀醋酸,第二朵纸花喷水,第三朵纸花直接放入盛满二氧化碳的集气瓶中,第四朵纸花喷上水后再放入盛满二氧化碳的集气瓶中,观察4朵纸花的颜色变化。然后将第四朵纸花取出,小心地用吹风机烘干,观察现象,并填写表2-3。

表2-3 二氧化碳与水反应的记录

	Ⅰ	Ⅱ	Ⅲ	Ⅳ
现象	纸花由紫色变红色	纸花不变色	纸花不变色	纸花由紫色变红色
学生讨论分析	酸能使石蕊溶液变红	水不能使石蕊溶液变红	CO_2不能使石蕊溶液变红	CO_2与水发生化学反应的生成物(H_2CO_3)能使石蕊溶液变红

在该演示实验中,学生观察实验现象,记录实验结果,比较4个实验中紫色

纸花的颜色变化,分析和归纳得出:CO_2与水发生了化学反应,生成了一种类似于醋酸的物质,这种物质叫碳酸,其化学式为H_2CO_3,它像醋酸一样能使石蕊溶液变红。

学生把醋酸能使石蕊溶液变红的现象迁移到二氧化碳的水溶液也能使石蕊溶液变红的实验中,判断出二氧化碳与水反应生成了碳酸的结论,经历了一次科学探究的过程,发展了实验信息记录、实验现象比较、实验结果分析和处理等智力技能。

(2) 演示实验对学生操作技能发展的功能

培养学生的化学实验操作技能,常常需要在教师的实验示范中了解实验仪器的组装、实验操作的步骤、实验的方法和技巧、实验应注意的事项等,学生在此基础上进行实验才可以保证安全、有序和规范,避免实验事故。所以,化学演示实验是培养学生操作技能的有效手段。

实验活动 5　人教版高中化学必修 1 第一章第一节混合物的分离和提纯为了使学生初步学会过滤的操作方法,采用了粗盐提纯的演示实验(见表 2-4)。

表 2-4　粗盐提纯的记录

操作步骤	实验现象
a. 溶解(称取约 4 g 粗盐加到约 12 mL 水中)	
b. 过滤	
c. 蒸发	

教师在演示该实验时要介绍实验的装置,在表格中强调实验的步骤,在实验演示中展示操作的方法(一稳二低三靠)。学生可在此基础上亲自动手模仿操作,安装过滤装置,训练过滤方法,从而学会相应的化学实验操作技能。由此可知,化学演示实验是发展学生实验操作技能的范例。

3. 化学演示实验的思维引导功能

思维是在大量感性经验的基础上,将一类事物的共同特征抽取出来加以概括,形成对事物的本质认识。思维包括 3 个过程:分析和综合、比较、概括和系统化、抽象和具体化。根据个体思维的水平和凭借的不同,思维可以分为直观动作思维、具体形象思维和逻辑抽象思维。对学生而言,这些思维方式都可以在相应的化学演示实验教学中给予引导。

（1）演示实验对学生直观动作思维的启发

演示实验的教学中教师的规范操作能够启发学生的直观动作思维。让学生在实验观察的过程中了解操作方法，记住操作步骤从而得到思维训练。

实验活动6 人教版初中化学实验操作启蒙时，为了使学生学会固体药品的取用，安排了以下实验。

实验1-3（1）用镊子夹取少量颗粒状石灰石（或大理石）放入试管中，并将试管放在试管架上备用。（2）取少量碳酸钠粉末放入另一支试管中，并将试管放在试管架上备用。

教师在实验示范中要启发学生，固体有不同的状态（颗粒状和粉末状），在放入试管时，颗粒状药品要用药匙或镊子夹取，试管应横放，待放入药品后慢慢竖起，让块状固体沿着试管壁滑下，避免砸破试管底；粉末状药品应用纸槽，操作时，试管也应先横放，待放入装有药品的纸槽后再竖起，这样可以将药品干净利落地送到试管底部。

学生在观察教师的操作和语言启发中思考：如何取用颗粒状和粉末状的药品，为什么要这样操作，并在教师的直观动作中模仿操作，学会固体药品的取用。此类教学过程，可以发展学生的直观动作思维。

（2）演示实验对学生形象思维的培养

教师在化学演示实验教学中对实验方案的设计、实验装置的组装、实验产物的收集等，都有利于培养学生的形象思维。

实验活动7 初中化学教材上册第六单元课题2二氧化碳制取的研究让学生从反应物的状态、前面已学过的实验室制取氧气的发生装置和收集装置的构造、气体产物密度与空气密度大小的比较3方面，探究实验室制取二氧化碳气体的实验装置，并在制取二氧化碳的实验演示后，将实验装置的形状与反应物的状态和反应的条件及气体产物的物理性质联系起来，总结出实验室制取气体的一般思路和方法：

如图2-3、图2-4所示，当生成的气体难溶于水时，可采用排水集气法，当生成的气体密度大于空气时，可采用向上排气集气法。使学生懂得实验室制取气体时应根据反应的原理、反应物的状态、气体产物的性质来思考使用什么仪器、如何连接、实验装置的整体构造如何等，促进学生形象思维的提高。

（2）演示实验对学生抽象思维的训练

教学中，教师常常需要分析化学演示实验的现象找出本质原因，抽取共同的变化特征，概括得出化学学科的一些基本概念或定律。这样的教学过程，能引导

图 2-3　实验室制取氧气的装置图

图 2-4　实验室制取二氧化碳的装置图

学生进行有序的逻辑思维和理性的抽象思维。

实验活动 8　人教版高中化学必修 2 第一章第三节化学键的概念　采用的教学方法如下。

实验 1-2　取一块绿豆大的金属钠（切去氧化膜），用滤纸吸尽煤油，放在石棉网上，用酒精灯微热。待钠熔成球状时，将盛有氯气的集气瓶迅速倒扣在钠的上方，观察现象，并分析氯化钠的形成过程。

集气瓶中钠燃烧，产生黄色火焰且有白烟，反应停止后，瓶壁上附着白色固体。实验演示后，教师引导学生分析现象：在反应中，钠原子为了达到 8 电子的稳定结构，失去 1 个电子，变成钠离子 Na^+；氯原子正好得到这个电子也达到稳定结构，变成氯离子 Cl^-，带相反电荷的 Na^+ 和 Cl^- 通过静电作用结合起来，形成了氯化钠。化学上把这种带相反电荷的离子之间因静电作用而形成的化学键叫离子键，由离子键构成的化合物叫离子化合物。

该教学用原子结构知识对钠与氯气反应的宏观表象进行了微观推理，科学地解释了氯化钠形成的原理，再抽取出这类反应的共同特征是阴阳离子的静电作用，从中得出离子键和离子化合物的概念，是一次典型的逻辑思维和抽象思维的认识过程。

4. 化学演示实验的社会应用功能

为了让中学生体会化学对提高生活质量和保护环境的积极作用，了解化学在工农业生产中的具体应用，认识化学科学与技术进步和社会发展的关系，中学化学教材还安排了不少演示实验来促进学生认识化学科学与技术在人类的日常生活、工农业生产和科学研究中的社会应用价值。

（1）演示实验在生活中的应用功能

把演示实验与生活实际联系起来学习，让学生尝试运用化学知识与技能解决生活中的具体问题，使学生懂得学以致用，体会化学在日常生活中的积极作用。

实验活动 9 人教版初中化学教材下册第八单元课题 3 金属资源保护安排了探究铁钉锈蚀条件的实验：

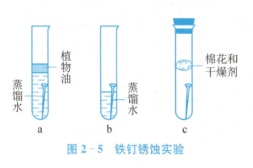

图 2-5 铁钉锈蚀实验

取 3 支洁净无锈的铁钉放入编号为 a、b、c 的 3 支试管中，如图 2-5 所示，往 a 试管中加入蒸馏水使铁钉完全浸没后，再加入适量的植物油；往 b 试管中加入蒸馏水使铁钉部分浸没；给 c 试管加入棉花和干燥剂，再塞上橡皮塞。连续观察一周后把铁钉锈蚀的情况记录在表 2-5 中。

表 2-5 铁钉锈蚀实验现象记录

	现　象	分　析
a	铁钉没有生锈	铁在水中，无空气不反应
b	铁钉露出水面处有很多锈迹	铁与水和空气中的氧气容易反应而生锈
c	铁钉没有生锈	铁钉在干燥空气中，无水不容易生锈

教师让学生在实验探究中对铁制品锈蚀的条件进行小结，得出铁生锈实际上是铁与空气中的氧气、水蒸气等发生了化学反应，若没有水或没有空气，铁就不容易发生锈蚀。随即提出：为了防止自行车生锈，可以采取哪些防护措施？

让学生运用学得的化学知识解决面对的生活问题，既能巩固金属锈蚀条件的知识，还能对生活中自行车的防护采取正确的措施。

（2）演示实验在生产中的应用功能

工农业生产离不开化学，无论是种植农产品所需的化肥和农药，还是金属的冶炼或纺织品的加工以及新材料的开发，都离不开化学知识或技术。为了让学生了解化学在工农业生产中的应用，中学化学教材安排了此类的演示实验。

实验活动 10 高中化学必修 1 第四章第二节 氯水漂白性演示实验如下。

实验 4-4 将有色纸条或布条、有色花瓣放入盛有 1/3 容积新制氯水的广口瓶中，盖上玻璃片，观察现象。

实验4-5 将有色纸条或布条、有色花瓣放入盛满干燥氯气的集气瓶中,盖上玻璃片,观察现象。

教师让学生陈述所看到的实验现象,并解释原因,得出氯气的水溶液具有漂白作用的结论。接着,教师讲解,将氯气通入氢氧化钠的水溶液可以制得漂白液,而将氯气通入冷的消石灰中则可以制得漂白粉,若氯气与消石灰充分反应还可以制得漂粉精。漂白液、漂白粉、漂粉精都是漂白剂,在纺织工业和造纸工业中都是重要的漂白用料,也是游泳池和环境的消毒剂。

通过这类内容的学习,学生能了解化学在工农业生产中的具体用途,知道化学试剂在生产应用中的原理,学习利用化学知识解决生产问题的简单方法,关注所面临的与化学有关的生产问题。

(3) 演示实验在科学创新中的功能

化学需要不断创新,才能创造出新产品、新材料、新技术,从而造福人类。化学演示实验的知识与方法是化学创新的基础。因此,教师在演示实验教学中应该联系最新的化学研究成果,为今天的学习与未来的创新架起桥梁,体现化学课程的时代特色,培养学生可持续发展的观念。

在演示水电解实验时,引导学生观察正负极玻璃管产生的气体在体积上的差异,再用燃着的木条检验两极的气体,得出 $V(H_2):V(O_2) = 2:1$,并用图示解释水电解的微观原理;然后告诉学生,水电解产生的氢气可以燃烧并产生大量的热,其燃烧产物是水,不会污染环境,是一种绿色能源,有的科学家正致力于研究如何在催化剂的作用下将水变为可以燃烧的物质,为远航的海轮解决能源问题。目前,美国海军在实验室研究出一种可将海水在催化剂的作用下变为"燃油"的新技术,这项新技术的第一环节就是在催化剂的作用下将海水分解得到氢气,若这项技术能得到实际的使用和推广,那将大大解决人类面临的能源危机问题,推动人类物质文明的进步。

以此来引导学生认识今天的学习是明天创新的基础,化学科学的发展可以促进科学技术的进步,激励学生努力学好化学,增强创新意识,为世界变得更加美好而奋斗。

综上所述,化学演示实验是学生探索化学知识不可替代的媒介,是训练化学学习技能必不可少的手段,是引导形象思维和抽象思维的良好载体,也是化学应用与创新的基础。教师在化学教学中,要理解所演示实验的教学功能,创造性地运用演示实验,有针对性地培养学生的各种能力,激发学生学习化学的兴趣,促进学生化学问题解决的主动性,提高中学生科学素养。

第三章
化学演示实验研究的策略与方法

  中学化学是基础自然科学，其实验研究策略应遵循科学研究的过程，课堂演示实验又属于化学教育范畴，所以化学演示实验研究应属于化学教育研究之列。为了使化学演示实验更好地辅助中学化学教学，我们需要根据实验的目的和教育学、心理学以及化学等的科学规律，研究实验的原理、实验的装置、实验的方法与技巧、实验现象对化学教学的效果等，探索人们所未知的化学知识与技能，使研究结果对原有实验的知识量有所增加或有所改进，尽可能地使每一次化学演示实验充分发挥其教育、教学的功能。这就要求中学化学教师在实验教学中要不断创新。实验的创新需要系统的研究策略与方法。一般来说，化学演示实验研究的策略与方法主要分为 4 个部分，首先是发现实验问题，然后是分析问题的本质原因，再对问题解决进行方案设计，最后是实验验证并分析实验结果对化学教学的作用。

第一节 发现问题

  所有科学研究都是由发现问题开始，化学演示实验研究也不例外。当实验现象不能达到预期的教学效果时，为了了解其原因，使实验结果按照所需要的意向呈现，就需要研究，所以化学演示实验研究的第一步就是善于发现问题。
  安于现状的人往往对问题习以为常、视而不见，自然就不会主动地提出问题。正确的态度是，正视存在的问题，千方百计地想办法解决问题，这才是符合现代教师素养要求的创新型人才。在中学化学演示实验中，虽然问题有各种各样，但归纳起来主要有 4 个方面，即实验装置的问题、实验方法的问题、实验原理的问题及实验技巧的问题。

1. 实验装置的问题

中学化学教材中有些实验的装置在实际操作中难以呈现出教学所需要的现象,或难以把握实验过程,就需要研究改进。

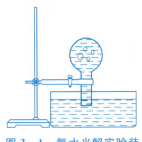

图 3-1 氯水光解实验装置

氯水光解的实验,长期以来都认为可以用图 3-1 的实验装置。圆底烧瓶装满氯水,倒立在装满水的水槽中,固定在铁架台上,然后在太阳光的紫外线照耀下,氯水发生分解反应生成氧气和氯化氢,氯化氢溶于水形成盐酸,以此实验结果来说明次氯酸的不稳定性。

$$2HClO \xrightarrow{\text{光照}} 2HCl + O_2 \uparrow$$

许多化学教师按照此装置,长时间实验都不能出现明显的现象,而且装满饱和氯水的圆底烧瓶倒置于水中后,氯水的黄绿色会逐渐变淡,水槽中的水会出现淡黄色,这是因为饱和氯水的浓度被水稀释的缘故。若根据同离子效应,将水槽中的水改为饱和食盐水,可以避免氯水被稀释,并在阳光照耀下出现明显的气泡。但是,操作中很难做到圆底烧瓶装满氯水而不溢出,实验过程会污染环境及腐蚀手的皮肤,实验后产生的氧气也不方便检验。所以,该实验装置不适合在课堂上演示,需要研究改进。

2. 实验方法的问题

实验装置与实验方法是紧密联系的,有的实验因为实验方法有问题,导致其实验装置也存在一定的问题,如操作繁琐、难以控制实验进程、对环境不友好,在课堂中演示不能保证百分之百成功,影响教师对有关化学知识的解说,不利于提高学生的学习兴趣。这样的实验装置和实验方法都需要研究改进。

氨的催化氧化是工业制硝酸的重要化学反应,也是中学化学学习的重要内容。资料表明,该实验一直以来用图 3-2 的实验装置。实验结果需看到催化剂红热,在氧化瓶中出现红棕色的二氧化氮气体,紫色石蕊试液变红,来说明该反应生成的一氧化氮被空气中的氧气氧化成二氧化氮,二氧化氮与水反应生成了硝酸,证明氨气可以在催化剂的作用下被氧气氧化。

但是,氨气的催化氧化有一定的爆炸极限,所以,在通入氨气和空气混合气

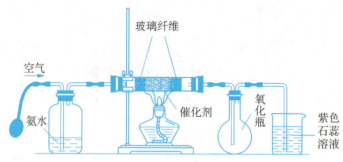

图 3-2 空气中的氧气对氨气的氧化

体的试管处要放入一团铜丝防爆。该实验装置仪器种类多、接口多,准备实验较繁琐,实验时氨气容易外泄污染空气,造成实验室内部充满了刺激性气味。该实验对氨水的浓度有一定要求,但是,不同的季节、不同的人操作,实验成功所需要的氨水浓度不一定相同,这就使教师在演示该实验时,难以把握氨水浓度。若氨水的浓度过大,则实验结果是,氧化瓶中出现大量白烟或红棕色的烟,紫色石蕊试液没有变红现象;氨水浓度过小,挤入的氨气会带有较多的水汽而影响催化剂的活性,造成实验失败。可见,采用这种装置和挤气的操作方法,难以保证教师课堂演示取得成功,应该研究出更为简单易行的实验装置和实验方法来减轻教师的劳动量并保证实验成功。

3. 实验原理的问题

有的实验不成功的主要原因是对实验的化学原理理解不够。

电解水的演示实验,产生的氢气和氧气可以说明水是由氢元素和氧元素组成的,且生成的氢气和氧气的体积比为 2∶1,可推导出每个水分子中含有 2 个氢原子和 1 个氧原子,这是本实验两个重要的教学功能。所以,课堂演示水的电解实验应看到生成两种气体,一种气体点燃时会发出爆鸣声来证明是氢气,另一种气体可使带火星的木条复燃来证明是氧气;此外,还应该看到氢气和氧气的体积比为 2∶1,这是推导每个水分子中含有 2 个氢原子和 1 个氧原子的依据。很多教师在使用霍夫曼电解器进行水的电解实验演示时,常出现下列问题:一是在短时间内 2 个电极上几乎都不产生气体,或只是产生很少量的气体,难以进行气体的检验。二是氢气和氧气的体积比不是 2∶1,而是氢气的体积比氧气的体积要多得多。教师无法以这样的实验现象来启迪学生对水分子构成的认识。这些实验问题的主要原因是对水电解受哪些因素影响的原理没搞清楚,属于实验原理的问题,需要从其化学原理上研究解决。

4. 实验技巧的问题

有的实验不成功的主要原因是实验技巧问题。

用氢气吹肥皂泡的实验的目的是,说明氢气的密度比空气小,所以,为了增强观察效果,要求吹出的肥皂泡大小与乒乓球相近,在空气中冉冉上升。可是,操作时常常出现肥皂泡吹不大,很小就破了,或吹出的肥皂泡很难离开玻璃管口,而沿着玻璃管向下滑落,还有的肥皂泡吹出后不是上升,而是向下落。这些实验问题主要是操作技巧上的问题,需要研究制备肥皂水及操作的技能。

从以上情况说明,化学演示实验常会出现很多的问题,不同的实验有不一样的问题,一个优秀的化学教师应该从一般人习以为常的现象中发现有价值的问题,这就要求教师要有很强的观察能力和勇于探究的精神,主动地发现和寻找问题,解决问题,这样才能逐渐完善实验技能,促进教学质量的不断提高。从发现实验问题上可以看出一个化学教师的学术水平,也在一定程度上决定了这项研究的目的和价值。

第二节 分 析 问 题

发现了问题后,有探究精神的教师应该对这个问题作深入的了解。了解问题的途径很多,如请教有经验的教师或与同行切磋交流,也可查阅相关资料等。了解他人对该问题解决的情况,如果了解到已经有人对该问题研究出了现成的结果,那就无需再研究;如果没有适当的解决办法,那就要对其进行研究来解决问题。要科学地解决一个问题,必须先分析问题的根本原因是什么,然后才能有的放矢地想办法解决问题。由于不同化学实验问题的原因不尽相同,一般来说,各种实验问题都与化学原理有关,所以分析实验问题往往从其化学原理切入。结合化学教学的需求,从化学原理来研究实验的装置,再根据实验装置研究实验的方法,这是化学演示实验研究的理性思维过程,也是解决化学实验问题的一般方法。下面,以第一节发现的问题为例,对不同的实验问题展开分析。

1. 氯水光解实验问题分析

从氯水在阳光照耀下分解的化学方程式可知,这是一个光化学反应,为了在短时间内看到有大量的氧气生成,需要了解哪些因素能影响光化学反应的速率,然后再依据这些因素和课堂教学的需要,研究采用何种实验装置和哪些实验方法。

了解影响光化学反应的因素,主要通过查阅文献的方法。文献表明,所有的光化学反应都遵循朗伯-比耳(Lambert-Beer)定律:

$$I_t = I_0 e^{(-kdc)},$$

式中的 I_t 表示未被吸收的透射光强度,I_0 表示入射光强度,c 是吸收质的浓度,k 是摩尔吸收系数(与入射光的波长、温度、溶剂等性质有关),d 是介质厚度。由此可知,影响光化学反应的因素有入射光波长、反应的温度及容器的厚度和反应物的浓度。如果利用太阳光作反应的光源,那么光的波长和环境温度也随之确定,选定实验用容器后,介质厚度也确定,则反应液的浓度是影响反应速度的主要因素。由朗伯-比耳定律推理可以得出:在光化学反应中,反应物对光的吸收率与其浓度成正比,所以,反应液的浓度越高,未被吸收的透射光强度越弱,也就是说,要提高氯水光解的速度,必须增大氯水的浓度。所以,在演示氯水光解的实验时,应采用饱和氯水才能迅速发生分解反应,在短时间内产生较多的氧气。

饱和氯水对人体皮肤有腐蚀作用,在实验操作时不能与手直接接触。而按照图 3-1 的实验装置操作,手与饱和氯水直接接触不可避免,且所生成的氧气又不方便检验,所以该实验装置需要改进。

寻找与其实验原理相似的实验装置来迁移或改进。由于该实验是由液体发生分解后产生气体,与霍夫曼电解器电解水的实验原理相似,所以可以将霍夫曼电解器的实验方法迁移到本实验的装置设计。

2. 氨的催化氧化实验方法分析

从氨催化氧化实验的反应方程式和图 3-2 的实验装置及实验方法看,反应物氧气由挤入的空气提供,而氨气则是由挤入空气时氨水挥发而来。随着空气的不断挤入,氨水将不断挥发而浓度逐渐减小,并且一定浓度的氨水在不同的环境湿度、温度及挤气速度下,挥发的速度是不同的。所以,在不同的季节、不同的环境状况和不同的人操作时(挤气力度不同),实验成功所需要的氨水浓度也不一定相同,可见,用图 3-2 的实验方法有偶然性,实验成功与否有很大的不确定性。可以考虑用铵盐和含氧的固体物质受热分解来产生氨气和氧气。因为固体分解可以定量把握,操作时容易控制实验的进程,也有利于实验装置和实验方法的简化。

(1) 反应物的选择和用量分析

在常见的铵盐中,氯化铵分解生成氨气的产率较高,生成的氯化氢可以用其他碱性物质消除,不会干扰实验;用高锰酸钾分解获取氧气比较安全。所以,选择氯化铵和高锰酸钾受热分解来获得氨气和氧气。实验用量可以依据化学反应方程式计算求得。该实验成功的话,所发生的化学反应方程式如下:

$$2KMnO_4 \xrightarrow{\triangle} K_2MnO_4 + MnO_2 + O_2\uparrow \qquad NH_4Cl \xrightarrow{\triangle} NH_3\uparrow + HCl\uparrow$$

$$4NH_3 + 5O_2 \xrightarrow[\triangle]{催化剂} 4NO + 6H_2O$$

$$2NO + O_2 == 2NO_2 \qquad\qquad 2NO_2 + H_2O == 2HNO_3 + NO$$

依据化学方程式的计量关系。氨气完全反应并转化成二氧化氮,所需氧气的质量比是 $(4\times 17):(5\times 32+2\times 32)=17:56$。获得的氨气与氧气的质量比要达到 17:56,则计算得氯化铵与高锰酸钾的质量比应为 $53.5:553\approx 1:10.3$。但是圆底烧瓶中已经有空气,若其所含的氧气能够与一氧化氮完全反应生成二氧化氮,则氨气与氧气完全反应所需的质量比为 $(4\times 17):(5\times 32)=17:40$,由此计算得氯化铵与高锰酸钾的质量比应为 $53.5:395\approx 1:7.4$。不过,圆底烧瓶的体积有限,其空气中所含有的氧气量较少,所以高锰酸钾的质量应稍微增加。由于产生氧气的量过多会冲淡二氧化氮的红棕色,影响实验的观察效果,因此,可以取用 1 g 氯化铵并分别取用 8~10 g 的高锰酸钾进行实验比较,可以得出最佳实验效果时氯化铵与高锰酸钾质量的合理比值。

资料表明,氨气在纯氧中的爆炸极限是 14.8%~79%,则氯化铵与高锰酸钾质量比 1:8~1:10 之间,氨气与氧气的体积百分比为 59.6%~54.2%,恰好处在爆炸极限内,所以,为了实验安全,应该选用具有防爆性能的催化剂。

(2) 催化剂性能的分析与选择

本实验最常用的催化剂是三氧化二铬,通常在实验前用橘红色的重铬酸铵加热分解变为绿色而得到。由于三氧化二铬对人体的毒性较大,实验后的残渣要经专门处理。铜丝也是本实验常用的催化剂,但催化效果不理想。铂丝催化效果好,但价格昂贵。氧化铁和氧化钴也对本实验有催化作用,但要在实验前进行较复杂的预处理。氧化铜对氨的氧化也有催化作用,且在高温下氧化铜能被氨气还原成铜: $3CuO+3NH_3 == 3Cu+3H_2O+N_2$。铜在高温下又与氧气反应生成氧化铜,产生的铜对本实验具有防爆炸的作用。氧化铜是中学化学常用的药品,价格便宜,对人体的毒性相对较小,所以选用氧化铜作为本实验的催化剂,无论是从理论、环保和实验安全等方面考虑都较为科学。此外,在氧化铜中掺入少量二氧化锰可以增强其催化效果。

3. 电解水实验原理分析

电解实验离不开外加电压、电极和电解质的水溶液,电解水时阴极和阳极所发生的反应为:

$$阴极 \quad 2H^+ + 2e^- = H_2(g)$$

$$阳极 \quad 2OH^- - 2e^- = H_2O + 1/2O_2(g)$$

所以,水的电解实验要受电压的高低、电极电势和电解质溶液种类及浓度的影响。可以通过水电解时外加电压对电解液中离子电迁移率的影响、电极电势和电解液的酸碱性对氢气和氧气析出的影响,来分析该实验不成功的原因。

(1) 外加电压和离子迁移率对水电解实验的影响

电解反应的进行以及反应速率,与电解质溶液中的离子迁移存在下列关系:

$$\frac{正离子的迁移速率}{负离子的迁移速率} = \frac{阳极区减少的物质的量}{阴极区减少的物质的量} = \frac{正离子所传导的电荷量}{负离子所传导的电荷量} \quad (1)$$

如果以 r_+ 和 r_- 分别表示正、负离子的迁移速率,那么,在一定温度和浓度时,离子在外电场作用下的迁移速率与电位梯度成正比,可表示为

$$r_+ = U_+ dE/dL, \quad r_- = U_- dE/dL。 \quad (2)$$

式中,比例常数 U_+、U_- 是电位梯度 $dE/dL = 1$ V/m 时的离子迁移速率,称为离子电迁移率(又称为离子淌度),单位是 $m^2/(s·V)$。

由(2)式可知,若电解时所用的电极及两极间距离不变,两电极间所施加的电压越大,离子的迁移速率就越大,也越容易得到气体。因此在电解时,要在短时间内产生较多量的气体,应施加一定强度的电压。由于电解含氧酸或碱的水溶液的理论分解电压为 1.23 V,因此,为了在短时间内观察到较多气体,应选择高于理论分解电压。本实验可以从 4 V 开始,逐渐加大外加电压,寻找出适合课堂教学所需要的水电解电压。

从(2)式还可知,离子的迁移速率还和电迁移率有密切关系,在同样的电位梯度下,离子的电迁移率越大,则迁移速率越大,也就越容易得到气体。当溶液

确定为无限稀的水溶液,温度确定为室温(298.15 K)时,离子的电迁移率就只取决于离子的本性,具有确定的值。H^+无限稀释时的电迁移率为 36.2×10^{-8} $m^2/(s \cdot V)$,OH^-无限稀释时的电迁移率为 20.50×10^{-8} $m^2/(s \cdot V)$。H^+的电迁移率是 OH^- 电迁移率的 1.76 倍。电解时,在相同条件下,H^+ 比 OH^- 的电迁移率大,H^+离子就比OH^-离子的迁移速率快,产生的氢气就比氧气的量多,这样氢气和氧气的体积比就大于 2∶1。

若水中 H^+ 离子和 OH^- 离子的浓度很低,则正、负离子所传导的电荷量有限。由(1)式可知,电解水的反应速率很慢,短时间内就难以看到气体产生。所以,需要提高水中 H^+ 离子和 OH^- 离子的浓度来增大正、负离子所传导的电荷量,加快氢气和氧气的析出速度。

(2) 超电势对水电解的影响

超电势是电解液中的离子在某一电流密度下,从电极上还原(或氧化)析出时的电势与可逆电势之间的差值,用 η 来表示,它们的关系如图 3-3 所示。

图中 $\eta(阴)$、$\eta(阳)$ 分别为阴极和阳极的超电势;$\varphi_r(阴)$ 和 $\varphi_r(阳)$ 分别为阴极和阳极的可逆电极电势,Φ_i 为

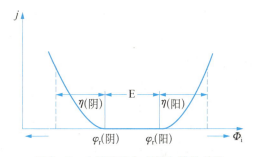

图 3-3 电流密度与电极电势的关系

不可逆电极电势。可以看出,由于超电势的存在,正离子在阴极还原的电势比可逆电极电势更低,使 H^+ 的还原更困难;负离子在阳极上氧化的电势比可逆电极电势更高,增加了 OH^- 氧化的难度。因而,超电势的存在,会导致阴、阳电极的电解反应步调不一致,也更容易出现析出气体的量与理论值的差异。

著名的塔菲尔公式 $\eta = a + b\ln(j/[j])$ 表示了氢超电势与电流密度的定量关系。a、b 是常数。a 与电极材料、电极表面状态、溶液组成及实验温度等有关。b 的数值对于大多数的金属来说相差不多。j 是电流密度,$[j]$ 是 j 的单位。研究还发现,氧等气体析出时的超电势与电流密度的关系也有类似于塔菲尔公式的形式。可见,电解时,电极上超电势的大小与电流密度成正比关系。

所以,要得到课堂教学所需的结果,应该尽量减少超电势的影响,这样,电解时所施加的电压不是越大越好。选择合适的电极和电压(控制电流密度)至关重要。因为铂电极有降低超电势的作用,所以,本实验通常采用金属铂作为电极。

(3) 电解液的酸碱性对水电解的影响

在电解中,阴极上析出电势越高的离子越容易获得电子而优先被还原;阳极上析出电势越低的离子越容易在阳极上放出电子而被氧化。不同酸碱度的电解质溶液对离子析出电势有不同程度的影响。

水电解两极反应的通式可表示为:氧化态$+2e^-\rightarrow$还原态。

离子析出的可逆电极电势为

$$\varphi = \varphi^0 + \frac{RT}{zF}\ln[氧化态]/[还原态],$$

式中,R、F 为常数,T 为溶液温度,z 为电极反应中电子的计量系数。阴极反应中,H^+ 是氧化态,H_2 是还原态;阳极反应中,O_2 是氧化态,OH^- 是还原态。当溶液中 OH^- 浓度增大时,H^+ 浓度减小,则可推导出 H_2 在阴极的析出电势更低而不容易析出,而 O_2 在阳极上的析出电势降低而更容易析出,促使两种气体析出速度相近,使 $V_{O_2}:V_{H_2} = 2:1$。所以,演示电解水实验时采用碱性电解液更有利于实验的成功。若采用酸性电解液,从上式可推出 H_2 比 O_2 更易析出,造成析出氢气的体积大于氧气体积的状况。此外,氢气和氧气在电解液中的溶解度是不同的。同温、同压下,氧气的溶解度比氢大,在浓 NaOH 溶液中差距小,且当 NaOH 溶液的浓度大于 15% 时,氢气和氧气的溶解量几乎相等。所以,用一定浓度的氢氧化钠溶液来进行电解水的实验,效果会更好。实验时,可以从 5% 的氢氧化钠浓度开始,逐步增大溶液浓度,探索出既能提供一定数量的 H^+ 离子和 OH^- 离子,又能保证阴、阳离子迁移活度的最佳氢氧化钠溶液浓度。

4. 氢气吹肥皂泡实验技巧分析

氢气吹肥皂泡实验主要存在两个问题,一个是泡吹不大,另一个是泡不容易脱离玻璃管口。

(1) 肥皂泡吹不大的主要原因是肥皂水的表面活性剂较少,起泡效果不好。不同的洗涤剂有不同的起泡效果,一般来说,洗头膏的起泡效果比洗衣粉和肥皂的要好。该实验在配制肥皂水时,使用洗发膏的水溶液可以增强实验效果。

(2) 氢气泡不容易脱离玻璃管口的原因是肥皂水有一定的黏性,对氢气泡有吸力。要让氢气泡脱离玻璃管口,必须给氢气泡一个向上的力来抵消肥皂的吸力。为了让气泡较易腾空,可以考虑使用出气口更加光滑的输气管来减小气泡向上腾起的力。

从以上分析可以看出,分析的内容难易程度不同,有的要用到无机化学的知识,有的会用到有机化学知识,有的要使用分析化学的知识,有的要用物理化学的知识,也有的需要多学科知识的结合,有的只是定性分析,有的则需要定量分析。不管是复杂的还是简单的问题分析,都需要查阅资料,找出带有规律性的理论,然后结合问题进行由此及彼、由表及里的深入思考,这种思考要灵活运用化学专业的理论知识,迁移化学实验的技能性知识,结合广泛的生活经验等,比较、推理、计算、综合、归纳材料等,以期对问题的本质及其相互间的联系有新的认识,准确判断出每一个问题的根本原因,为问题的解决提供合理的假说。

第三节 设计解决实验问题的方案

分析问题的目的是解决问题,而解决实验问题一般先要根据问题分析的结论设计出新的实验方案,主要有实验装置的设计、实验方法的改进、实验原理的创新等。依据第二节中 4 个不同问题的分析结论,分别设计实验方案。

1. 氯水光解实验装置设计

为了保持饱和氯水的浓度及方便检验生成的氧气,结合霍夫曼电解器的实验方法设计如图 3-4 的实验装置。

该装置从侧面的长颈漏斗中加入饱和氯水,分液漏斗的开关可以恰到好处地使分液漏斗装满氯水,即避免了原来装置空气进入,又不会洒出氯水,减少了污染环境的可能性,也不会出现饱和氯水被稀释的情况。实验过程不需要在饱和食盐水中进行,既节约了实验用品还简化了实验程序。此装置在实验后还可以打开分液漏斗的开关放出氧气,方便氧气检验,让学生在实验事实中学习氯水光解的化学原理。在操作中可以完全避免手与氯水的直接接触。所以,此装置的重新设计无论是从实验操作的简化、实验安全与环保、实验现象的观察等方面都是一种创新。装好氯水后,用一块黑布遮住长颈漏斗,分液漏斗放在太阳光下照射即可。

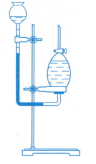

图 3-4 氯水光解的实验装置

2. 氨的催化氧化实验方法

(1) 实验方法和实验装置的设计

依据氨催化氧化实验方法的分析，改用氯化铵受热分解制得氨气，用高锰酸钾受热分解制得氧气，采用氧化铜与二氧化锰的混合物作为氨催化氧化的催化剂。它们都是固体物质，可以放在同一支试管中反应，减少实验容器和容器间的接口，避免因氨水挥发逸出而造成周围空气充斥刺鼻气味。但是，氯化铵受热分解速度快于高锰酸钾的分解速度，催化剂又需要先加热激活其催化作用，所以，必须分段放置、先后加热，之间用玻璃纤维隔开，其他部分可以参照原来的实验装置，新的实验装置设计如图 3-5 所示。

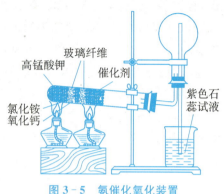

图 3-5 氨催化氧化装置

该实验装置集氧气、氨气的产生和干燥、催化反应于一支试管中，比原来的简单。实验时，先后定量在试管中放入高锰酸钾、氯化铵与氧化钙的混合物（氧化钙主要起干燥和吸收氯化氢气体的作用）、催化剂，把握好先后加热的时间，可以很好地控制反应的进程，操作方便。圆底烧瓶中进气的导管低，出气的导管高，有利于一氧化氮与氧气在温度较低时充分反应生成二氧化氮而观察到鲜明的实验现象（因为二氧化氮在温度大于 150℃ 时容易分解为一氧化氮和氧气）。

(2) 各物质实验用量设计

设计各物质的实验用量见表 3-1，探究最佳实验效果的各物质质量比。

表 3-1 氨催化氧化实验各物质用量表

方案 \ 药品	$KMnO_4$/g	NH_4Cl/g	CaO/g	CuO/g	MnO_2/g
1	8	1	1	1	0
2	8	1	2	2	1
3	8	1	3	3	1
4	9	1	1	1	0

续 表

方案 \ 药品	KMnO₄/g	NH₄Cl/g	CaO/g	CuO/g	MnO₂/g
5	9	1	2	2	1
6	9	1	3	3	1
7	10	1	1	1	0
8	10	1	2	2	1
9	10	1	3	3	1

(3)实验步骤设计

① 按图3-5组装好实验装置,检查气密性。

② 按表3-1的9种方案依次称取一定质量的反应物和催化剂。

③ 每个实验方案都要将氯化铵和氧化钙放在表面皿中混合均匀。

④ 每个实验方案都要把氧化铜和二氧化锰放在烧杯中,然后剪入大约 0.5 cm 长的玻璃纤维少许,混合均匀。

⑤ 按照高锰酸钾→氯化铵、氧化钙→氧化铜、二氧化锰的顺序放入试管中,用少量玻璃纤维封口,将试管与其他仪器固定在铁架台上。

⑥ 向烧杯中加入 2/3 体积的水,滴入 4~5 滴紫色石蕊试液。

⑦ 先用酒精灯对催化剂加热 4 min 左右,用另一个酒精灯加热高锰酸钾,待烧杯中有连续不断的气泡时,将加热催化剂的酒精灯移至氯化铵和氧化钙处加热。

3. 电解水的实验设计

根据水电解的原理,该实验应该选择 5‰~15‰ 的氢氧化钠溶液作为电解液,以金属铂作为电极,用 4~15 V 的电压,进行课堂教学最佳实验效果的探究。但是,如果要按照每一个氢氧化钠溶液的浓度都要作 4~15 V 的电压全面实验,要做 132 次实验,次数太多,需要压缩。重点关注某些因素来减少实验的次数,比较找到最佳的条件组合。由于电解时电解液浓度小、外加电压低,电解反应的速度慢,耗时长,不符合课堂教学的要求。因此,低浓度和低电压相对少选,重点关注浓度较大、电压较高的实验,所以,确定 5‰、10‰、12‰、15‰ 4种氢氧化钠溶液的浓度及 4 V、8 V、13 V、15 V 4 种电压,直接观察和比较实验结果,找出符合课堂演示实验的条件。由于霍夫曼电解器以铂为电极,操作起来方便、安全,且能较准确地读出产生的氧气和氢气的体积,所以,本实验采用霍夫曼电解器,用直流稳定电源供应器控制外加电压。

4. 用氢气吹肥皂泡实验设计

从实验原理分析可知,该实验要吹出较大的氢气肥皂泡,肥皂水的制作是关键性因素之一。由于飘柔等洗头膏起泡效果较好,因此,实验时要使用这类洗头膏充分溶于水形成的溶液并控制好肥皂水的浓度,这是肥皂水配制的小技巧。

要吹出乒乓球大小的氢气肥皂泡,才能产生足够向上的力来抵消肥皂对泡的吸引力,使肥皂泡上升。而要吹出乒乓球大小的氢气肥皂泡,氢气量一定要充足,必须制得足量的氢气流。此外,为了使肥皂泡容易脱离气管,使用橡皮管直接吹气,将橡皮管的出气口翻开,使橡皮管的内壁翻出,形成光滑的出气口,减小气泡向上腾起的力,这是本实验的另一个小技巧。

从以上实验设计可以看出,无论是实验装置的设计、实验方法的改进,还是实验原理的创新、实验技巧的运用,都必须以问题分析为基础,只有分析得出的正确结论,才能给实验设计提供有效的依据。实验设计的方法很多,解决不同的实验问题要设计不同的方案。影响实验的因素有多个,每个因素又有多层水平,研究时常用的方法有全面实验法(对影响该实验效果的各种因素中的各层水平,一次不漏地全部做一次实验)、简单比较法(对多因素,多水平的实验进行有目的的选择实验)、优选法、正交实验设计等。全面实验法得到的信息最全面、最丰富,结论也比较精确,实验者可以对每种因素的各个水平进行实验分析,也可以凭经验从中选择影响较大的几项因素做实验分析。当影响某实验的因素和水平层次太多时,全面实验的次数就很多,会造成很大的工作量,这就需要一种实验次数少、效果又与全面实验相近的办法,如简单比较法、优选法。如果希望既能最大限度地减少实验次数,又能获得较全面的信息,那就要采用以统计学规律为基础的设计法,如正交设计法、均匀设计法等。

第四节　实验验证和结果分析

实验设计的方案是否可行,操作结果是否可靠,都必须由实验来验证。一项研究成果是否有教学价值,以及价值有多大;都只能从实验检验的效果来确定。

1. 氯水光解装置设计方案的验证与结果分析

用图 3-4 装置装满饱和氯水,在阳光(温度为 22.5℃)照射下,进行氯水光解实验(分液漏斗的容积为 315 mL),得到的信息记录于表 3-2。

表 3-2 不同时间段氯水受阳光照射的实验现象

时间/min	实验现象	实验结果
1~4	有少量气泡产生	每315 mL的饱和氯水经阳光照射 4 h可得到38 mL氧气
5	气泡数量增多	
10	在分液漏斗的顶部可以观察到聚集的少量气体	
30	氯水黄色变浅,产生的气体可使带火星的木条复燃	
60	产生气泡的速度加快,气体体积迅速增加,分液漏斗中的溶液变为无色	
240	气泡数量已经很少	

将装有氯水的装置放在阳光下照射,分液漏斗中很快产生微量小气泡。气泡数量随着时间的增加逐渐增多,慢慢地聚集在分液漏斗的顶部(长颈漏斗可用一块黑布遮住,减慢长颈漏斗中的氯水分解)。随着氯水的分解,其颜色从黄色变为浅黄色直至为无色。30 min 后,慢慢打开分液漏斗的活塞,排出的气体可以使带火星的木条复燃,该现象成功地说明氯水分解产生了氧气。继续实验4 h,气泡数量已经很少,反应基本完成,测量所得氧气的总体积约为 38 mL。

从实验原理的分析到实验操作结果都证明:氯水在阳光照射下可以分解,在 30 min 内出现明显的现象,也就是在一节课内可以完成本实验,故该实验装置和方法可用于课堂实验演示,让学生在真实的现象中认识氯水的这一性质。所设计的实验装置组装简单、操作安全、现象明显,还方便检验产物氧气,实验结果证明氯水光解实验原理的分析正确,装置的改进合理。

2. 氨的催化氧化实验方法设计的验证与结果分析

用图 3-5 改进后的实验装置,按照所设计的实验方法进行了反复的实验验证,结果记录于表 3-3。

表 3-3　用不同质量的药品进行实验的现象

方案\药品	KMnO₄/g	NH₄Cl/g	CaO/g	CuO/g	MnO₂/g	实验现象
1	8	1	1	1	0	出现少量白烟 紫色石蕊不变色
2	8	1	2	2	1	出现浅黄棕色烟 紫色石蕊不变色
3	8	1	3	3	1	出现黄棕色气体 紫色石蕊变红
4	9	1	1	1	0	出现淡黄棕色烟 紫色石蕊不变色
5	9	1	2	2	1	出现黄棕色气体 紫色石蕊变红
6	9	1	3	3	1	出现浅红棕色气体 紫色石蕊变红
7	10	1	1	1	0	出现黄棕色气体 紫色石蕊变红
8	10	1	2	2	1	出现浅红棕色气体 紫色石蕊变红
9	10	1	3	3	1	出现深红棕色气体 紫色石蕊变得很红

从方案1、4、7的结果看,在其他物质的质量不变、不添加二氧化锰的情况下,随着高锰酸钾质量的增加,圆底烧瓶中出现白烟到黄棕色烟,再到黄棕色气体的现象,这说明氧气量的增加消耗了多余的氨气,使实验中烟的现象得到改善,但单独用氧化铜作催化剂,反应效果不是很理想;从方案7、8、9的实验结果看,在高锰酸钾的质量增加到10 g时,随着氧化钙、氧化铜和二氧化锰质量的增加,催化作用明显增强,获得鲜明的结果。

表中的实验结果说明:方案9是最佳实验方案,该方案从加热开始到圆底烧瓶中出现深红棕色气体、紫色石蕊试液变为红色,大约需要6 min,适合在课堂教学中演示。

实验结果证明了对原来实验方法分析的正确性,高锰酸钾与氯化铵的质量比为 10∶1 时,可以保证氧气与氨气较完全反应,避免了过量的氧气干扰效果;氧化钙消除氯化铵分解放出的氯化氢气体,促进氯化铵迅速分解和吸收试管内所有固体物质受热产生的水汽,所以用量比氯化铵要多一些,$m_{(氯化铵)}∶m_{(氧化钙)}=1∶3$ 能较好地满足实验的需要;用氧化铜作催化剂并掺入少量二氧化锰,既可以保证实验过程的安全又能够增强氧化铜的催化作用,且实验前不需要预处理,减少了实验步骤。该实验方法的创新使实验装置更加简单,实验操作和时间可以轻松控制,保证不同的操作人、不同的实验环境下进行都可以得到鲜明的实验现象。

3. 电解水实验设计的验证与结果分析

根据电解水的实验设计,选择浓度 5%～12% 的氢氧化钠溶液,用 GPS15H10 直流稳定电源供应器控制电压在 4～15 V,采用 J2606 电解水器,进行了水电解课堂教学最佳实验效果的探究,得到实验数据见表 3-4～3-10。

(1) 电解液浓度不同时电解水实验

表 3-4　电解液为 5%NaOH 溶液时电解水实验记录

电压/V	13.0			
时间/min	1	5	20	60
生成气体/mL H_2	0.0	0.0	0.0	0.0
O_2	0.0	0.0	0.0	0.0
实验结果	用 5%NaOH 溶液做电解水实验很难有气体生成			

表 3-5　电解液为 10%NaOH 溶液时电解水实验记录

电压/V	13.0		
时间	1 min 25 s	2 min 30 s	3 min 53 s
生成气体/mL H_2	4.0	8.0	10.0
O_2	1.8	3.7	4.8
实验结果	用 10%NaOH 溶液做电解水实验可以产生气体,但是生成 H_2 和 O_2 的比例不是 2∶1		

表 3-6 电解液为 12% NaOH 溶液时电解水实验记录

电压/V		13.0		
时间		56 s	1 min 30 s	2 min 17 s
生成气体/mL	H_2	4.0	8.0	10.0
	O_2	2.0	4.0	5.0
实验结果	用12% NaOH 溶液做电解水实验不但在短时间内产生了气体，而且生成 H_2 和 O_2 的比例精确为 2∶1			

从以上实验可以看出，5% 的 NaOH 溶液浓度太低，离子迁移活度不足，正、负离子所传导的电荷量有限，短时间内难以看到有气体产生。当 NaOH 浓度为 12% 时作为课堂演示实验的效果很理想，所以不需要再做浓度为 15% 的实验。

（2）12% 的氢氧化钠溶液在电压不同时电解水实验记录

表 3-7 电压为 4 V 时电解水实验记录

电压/V		4.0		
时间		6 min 34 s	9 min 01 s	31 min 30 s
生成气体/mL	H_2	3.0	6.0	10.0
	O_2	1.5	3.0	5.0

表 3-8 电压为 8 V 时电解水实验记录

电压/V		8.0		
时间		1 min 53 s	3 min 52 s	6 min 22 s
生成气体/mL	H_2	3.0	6.0	10.0
	O_2	1.5	3.0	5.0

表 3-9 电压为 13 V 时电解水实验记录

电压/V		13.0		
时间		47 s	1 min 17 s	2 min 18 s
生成气体/mL	H_2	3.0	6.0	10.0
	O_2	1.5	3.0	5.0

表 3-10　电压为 15 V 时电解水实验记录

电压/V		15.0		
时间		37 s	1 min 10 s	2 min 08 s
生成气体/mL	H_2	3.0	6.0	10.0
	O_2	1.5	3.0	5.0

当用浓度为 12% 的 NaOH 溶液时,在实验电压条件下 $V_{(H_2)}:V_{(O_2)}$ 都为 2:1。电压低时,气体产生的速度慢,$V_{(H_2)}:V_{(O_2)}$ 达到 2:1 所需的时间就长。由于气体在电解液中的溶解,开始时 $V_{(H_2)}:V_{(O_2)} \neq 2:1$,一定时间后,氢气与氧气溶解达饱和时,$V_{(H_2)}:V_{(O_2)} = 2:1$。施加电压 15 V 得到所需气体的时间最短。

以收集 10 mL 氢气所需要的时间进行实验数据的分析和比较。采用铂电极和 12% 的氢氧化钠溶液,施加 15 V 电压,只需要 2 min 08 s 的时间就可以得到 10 mL 氢气和 5 mL 氧气,非常适合在课堂中演示,成功地验证了实验原理分析的结论。实验的操作方便、简单,实验过程安全,鲜明的实验现象能帮助教师从化学反应的事实中讲解水的组成、推导水分子的构成,为书写水电解生成氢气和氧气的化学方程式提供有力的证据,达到较理想的教学辅助功能。

4. 氢气吹肥皂泡实验设计的验证与结果分析

将飘柔洗发水溶入水中加热,用玻璃棒搅拌均匀,制得肥皂水。用锌粒与 3 mol/L 的稀硫酸(用浓硫酸现配)反应,滴入少量硫酸铜溶液可以加快反应速度,产生大量氢气。将翻好口的橡皮管与氢气管连接,用手指捏紧橡皮管蘸取肥皂水,将出气口朝上,缓缓松开手指,可以将肥皂泡吹到乒乓球大小,对肥皂泡向上轻轻吹口气或手向上轻轻一甩,肥皂泡就能脱离橡皮管冉冉上升,证明氢气的密度小于空气。由此说明,氢气吹肥皂泡的实验设计合理。

从以上研究过程可见,发现问题是重点,分析问题是关键,设计方案是手段,解决问题是目的。因为发现问题可以确定一项研究的价值与方向;分析问题可以判断事物变化的本质原因,为解决问题的方案设计提供可靠的依据;设计问题解决的方案可以认清研究的任务及方法;科学实验过程可以验证问题解决的程度或状况。这些过程在中学化学实验研究中可以有反复、交叉、同步或结合,某一问题可以边观察边思考,也可以在思考后再返回来观察。在实验过程中既要依照设计的方案,也可以边实验边修改方案。只有这样才能够先后照应,互相完善,取得比较完满的研究成果,达到研究的目的。

第二篇

中学化学实验研究选编

实验一
玻璃管的简单加工和常用实验装置的装配

一、实验目的

(1) 学会正确使用酒精喷灯；
(2) 掌握玻璃管的简单加工和实验装置零件的制备及组装的一般方法；
(3) 注意所装配的实验装置的气密性；
(4) 培养独立准备中学化学实验中常用实验装置的能力。

二、实验要求

(1) 弯120°玻璃管1根、90°玻璃管3根、60°玻璃管1根，玻璃管的长度应根据图实验1-1和图实验1-2中实验装置的需要截割；
(2) 选择大小合适的橡皮塞，按装置的要求打好孔；
(3) 用自己弯制的玻璃管及其他所需的仪器组装"实验室制取氧气""氨的催化氧化实验"的装置各一套；
(4) 指导教师检查验收实验装置，然后卸下仪器保存好，备用。

三、实验用品

(1) 仪器：酒精喷灯、酒精灯、锉刀、打孔器、橡皮塞、大试管、铁架台、十字夹、铁圈、圆底烧瓶、集气瓶、烧杯、玻璃管、乳胶管、水槽。
(2) 其他：打火机、灯用酒精。

四、加工和组装的化学反应装置

化学反应装置如图实验1-1和图实验1-2所示。

图实验1-1 实验室制取氧气装置

图实验1-2 氨的催化氧化实验装置

五、实验内容

1. 挂式酒精喷灯的使用

挂式酒精喷灯的构造如图实验1-3所示,使用时将酒精贮罐悬挂于高处。酒精喷灯的火焰温度可达1 000 ℃以上。

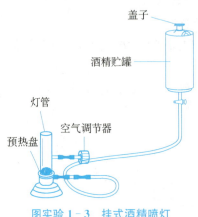

图实验1-3 挂式酒精喷灯

(1) 使用前,先检查酒精贮罐的开关及空气调节器是否正常。

(2) 向酒精贮罐中注入适量的酒精,并将其挂在适当的高处。

(3) 向预热盘中注入酒精,点燃后铜质灯管受热(可多次试点)。待盘中酒精将燃尽时,打开酒精贮罐的开关,逆时针转开灯管上的空气调节器,来自贮罐的酒精在灯管内受热气化,跟来自气孔的空气混合,这时预热盘中的火会点燃管中的气体,产生高温的火焰。

（4）调节空气调节器,控制好火焰的大小,待火焰稳定,即可使用。

（5）用毕,旋紧空气调节器,同时关闭酒精贮罐下的开关,就能使灯焰熄灭。如果不能及时熄灭,可在灯管口加盖石棉网迫使火焰迅速熄灭。实验完毕将贮罐中剩余酒精回收。

注意　在开启空气调节器前必须充分灼热灯管(或者将调节器缓慢打开到适当位置)否则酒精不能全部气化,产生的火焰会带有液态酒精从管口喷出而形成"火雨",容易引起火灾。

2. 玻璃管的截断与弯曲

（1）玻璃管截断操作

① 挫痕操作：如图实验1-4所示,把玻璃管平放在桌子边缘上,拇指按住要截断的地方,用三角锉刀棱边用力锉出锉痕,挫痕时只向一个方向即向前或者向后挫,不能来回拉挫。

图实验1-4　锉玻璃管

图实验1-5　折断玻璃管

② 折断操作：如图实验1-5所示,两手分别握住凹痕的两边,凹痕向外,两个大拇指分别按住凹痕后面的两侧轻轻一压带拉,折成两段。

（2）管口的制作

将管口放入火焰中加热以熔去锋利的断口。

（3）玻璃管的弯曲

① 弯曲的操作：如图实验1-6所示,双手持玻璃管,手心向上把需要弯曲的地方放在火焰上预热,然后在火焰中使玻璃管缓慢、均匀且不停地向同一个方向转动。至玻璃管均匀受热至变软时,两手向上,轻轻按V字形弯出所需要的角度,如图实验1-7所示。弯曲的

图实验1-6　对玻璃管加热

成品如图实验1-8所示(玻璃管的长度只作参考,根据实验装置确定玻璃管的长度)。

图实验1-7 弯曲玻璃管

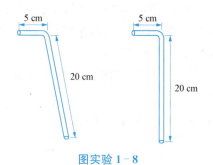

图实验1-8

图实验1-9 吹玻璃管

注意

① 在火焰上加热时不要往两边拉。

② 在弯角度时,堵住一端管口,向另一端管口内吹气,可以使弯曲处饱满,如图实验1-9所示。

③ 玻璃管弯好后要放在石棉网上自然冷却。

3. 塞子打孔

(1) 选择合适的塞子

以能塞进容器口2/3长度为宜。

(2) 手工钻孔

根据塞子的种类和玻璃导管的粗细,选择钻孔器的型号。对橡胶塞而言,选择的钻孔器口径应略比玻璃导管大些,否则孔太小,玻璃导管很难插入。钻孔前,可将钻孔器前端涂上少许润滑剂(如水),以减小钻动时的摩擦力。如果塞子小头向上,左手固定塞子,右手持钻孔器,在选定的位置上沿顺时针方向,左手可逆时针转动塞子,垂直向下用力转动钻孔器往下钻,直到钻穿为止;也可以塞子大头向上,操作同上,这样打出的塞子有利于插入玻璃导管。

(3) 机械打孔

将橡胶塞固定在打孔机上,按下开关。打孔时间短则所钻的孔口径较小,打孔时间长则所钻的孔口径较大,根据玻璃管的粗细控制好打孔时间。

4. 仪器的装配

用玻璃导管、橡皮塞及有关仪器,按装置图的要求,组装"实验室制氧气""氨的催化氧化实验"装置各一套。将玻璃导管插入橡皮塞时,一般左手拿塞子,右手拿玻璃管;对水的敏感性不高的实验,可在玻璃导管上蘸些水润滑;其他可涂凡士林。玻璃导管的弯曲处较脆,易折断,不能在此处用劲。为避免危险,可用布包住玻璃导管,转动着插入橡胶塞的孔。

六、注意事项

(1) 向灯壶和预热盘注入酒精的量要适当,不可太多,也不可太少。若太多,溢出易引起火灾;太少了,则达不到预热的效果。

(2) 熔光和弯制好的玻璃导管,应放在石棉网上自然冷却。注意安全,以免烫坏桌面或烫伤手。万一烫伤可涂些凡士林或直接将烫伤处放到自来水中冷却。

(3) 将玻璃导管插入橡皮塞时,拿玻璃管的手不能离塞孔太远。应慢慢旋转插入,否则易折断玻璃导管,还易戳伤手。

七、思考题

(1) 在使用挂式喷灯时,有时会出现"火雨",这是什么原因?应如何避免?

(2) 在弯制小角度玻璃导管时,易出现玻璃导管弯曲处凹陷和扁平状,应如何操作才能避免这种现象?

八、参考资料

(1) 弯曲玻璃管时,先将洁净、两端开口的玻璃管用小火预热一下,然后双手平握玻璃管,放在火焰中加热。受热长度约为 3~5 cm。加热时要缓慢而均匀地转动玻璃管,应朝一个方向转动。双手距离应保持一定,以防玻璃管软化时发生扭曲、拉伸或缩短。当玻璃管加热到发黄变软时,即可从火焰中取出,等 1~2 s 后,两手向上向里轻托,准确地弯成所需角度。

(2) 弯玻璃管时,若所需角度较小,可分几次弯成。为防止弯曲处有缺陷,可用胶塞或其他物质堵住一端管口,在另一端适当吹气;或事先在玻璃管内装细沙或食盐,然后再加热弯曲,可使管径均匀弯曲。完成后,待玻璃管冷却变硬后才能放在石棉网上继续冷却。需分几次弯成的玻璃管,第二、第三次弯曲时应在第一次受热部位的偏左或偏右处加热和弯曲,这样弯曲处不易发生缩陷的毛病。

实验二
实验室制氧气演示实验的研究

一、实验目的

(1) 明确"实验室制取氧气"的化学反应原理;
(2) 掌握高锰酸钾制取氧气的实验方法;
(3) 探究二氧化锰在过氧化氢分解制氧气实验中的作用;
(4) 探索氯酸钾在二氧化锰催化下制取氧气的最佳方案。

二、实验要求

(1) 完成人教版九年级上册化学教材 37 页实验 2-5,画出实验装置图,总结实验步骤;
(2) 完成人教版九年级上册化学教材 38 页的实验探究"分解过氧化氢制氧气的反应中二氧化锰的作用",导出催化剂的概念;
(3) 按照 $m(KClO_3):m(MnO_2)$ 的质量比为 2∶1、3∶1、4∶1、5∶1 的要求,探索氯酸钾与二氧化锰混合制氧气的最佳实验方案;
(4) 交 1 瓶(250 mL)无色无味的氧气给指导教师,检查是否合格;
(5) 制氧气的残渣回收到指定处(注意不能混入其他杂质,以免发生危险)。

三、实验用品

(1) 仪器:大试管、带导管的单孔塞、铁架台及附件、水槽、集气瓶、毛玻片、台秤、小试管、酒精灯。

(2) 药品：氯酸钾、二氧化锰、5%过氧化氢溶液、灯用酒精、高锰酸钾。

(3) 其他：打火机、小木条。

四、实验装置

固体反应物在加热的条件下制取气体，生成的气体不易溶于水，则可采用图实验2-1所示的装置。

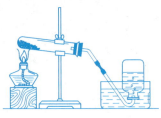

图实验2-1 实验室制取氧气装置

五、实验内容

1. 内容一

完成人教版九年级上册化学教材中37页实验2-5，画出实验装置图，总结实验步骤并指出检验产物氧气的方法，得出反应的文字表达式。

(1) 实验装置

由于该反应的反应物是固体，反应需要加热，生成的氧气不易溶于水，所以可采用图实验2-1的制取装置。

注意 铁夹夹在试管的中上部，管口略向下倾斜。为了防止高锰酸钾粉末受热时气化随气体排出，应放一小团蓬松的棉花在试管口。

(2) 实验步骤

① 组装好实验装置后，检验装置的气密性；

② 用台称称取高锰酸钾粉末4 g，放在折好的纸槽中再送到试管底部，固定在铁架台上；

③ 把250 mL集气瓶装满水倒立在装有2/3体积水的水槽中；

④ 点燃酒精灯，用外焰预热试管，然后对准药品处加热；

⑤ 待水槽中的导管口有连续的气泡放出时，用排水集气法收集氧气；

⑥ 收集满后，用磨口玻璃片盖住集气瓶口并从水中取出，正立在桌面上；

⑦ 实验完毕，先移去水槽，再撤去酒精灯并用灯帽盖灭；

⑧ 用带火星的小木条放到集气瓶口，若火星复燃则说明收集到的是氧气。

(3) 化学反应的文字表达式

高锰酸钾 $\xrightarrow{\triangle}$ 锰酸钾＋二氧化锰＋氧气

2. 内容二

按教学要求完成人教版九年级上册化学教材中第 38 页的探究实验"分解过氧化氢制氧气的反应中二氧化锰的作用",填写表实验 2-1,导出催化剂的概念,明确催化剂在化学反应中的作用,写出反应的文字表达式。

表实验 2-1　MnO_2 在 H_2O_2 分解的反应中有何作用的探究

实验操作步骤	实验现象	解释产生该现象的原因
① 在小试管中加入 5 mL H_2O_2（5%）溶液,把带火星的木条伸至试管的中上部		
② 再向试管中加入少量 MnO_2,再次把带火星的木条伸至试管的中上部		
③ 待试管中不再产生气泡时,重新加入 1 mL 左右的 H_2O_2 溶液,再将带火星的木条伸至试管的中上部		

结论：(1) 催化剂的概念：_____。

　　　(2) 催化剂的作用：_____。

　　　(3) 反应的文字表达式：_____。

3. 内容三

按表实验 2-2 要求探索用氯酸钾和二氧化锰制取氧气的最佳方案,完成表格中各项内容的填写。

表实验 2-2　$KClO_3$、MnO_2 制 O_2 的最佳实验方案探索

$m(KClO_3):m(MnO_2)$	实验现象	用于课堂演示的最佳方案
2∶1		
3∶1		

续 表

$m(KClO_3):m(MnO_2)$	实验现象	用于课堂演示的最佳方案
4∶1		
5∶1		

(1) 操作步骤

① 每组按实验要求称取 1 g 或 0.5 g 的 MnO_2 粉末,置于干燥洁净的表面皿上;

② 按 $KClO_3$ 与 MnO_2 质量比例的要求在台秤上称取氯酸钾,将称好的氯酸钾固体放入研钵中用角匙压碎,勿研磨;

③ 在表面皿中将氯酸钾和二氧化锰的粉末混合,用玻璃棒或角匙搅拌均匀;

④ 按实验装置图实验 2-1 组装好仪器,检查装置的气密性,并将氯酸钾、二氧锰的混合物用纸槽送入干燥洁净的试管底部,管口略向下倾斜,固定在铁架台上,用带导管的单孔塞塞紧;

⑤ 用酒精灯先预热试管底部,后集中加热,等到产生的气泡连续时再用排水法收集氧气,同时注意观察现象及产生气体的气味,用 125 mL 的集气瓶收集;

⑥ 收集完氧气后,先将导气管撤出水面,再移开并熄灭酒精灯(注意加热后的大试管不能马上加冷水洗涤,以防爆裂,可先架在铁架台上不拆下或拆下放在石棉网上自然冷却);

⑦ 回收固体残渣,清洗实验仪器。

(2) 反应的文字表达式:_____。

六、注意事项

(1) 酒精为易燃物,在使用酒精灯时应严格按照要求,注意安全;

(2) 氯酸钾属易燃、易爆药品,在用研钵压碎氯酸钾大颗粒时,切勿研磨,以防发生危险。

七、思考题

(1) 在用排水法收集氧气时,怎样才能使倒置的集气瓶的水装满?

(2) 为什么在用氯酸钾制氧气时，需要把颗粒状的氯酸钾压碎，且不能研磨？

(3) 实验结束后是先撤酒精灯还是先撤水槽？为什么？

八、参考资料

(1) 用氯酸钾和二氧化锰制氧气时，为了制得较纯的氧气，可采取如下措施：

① 取少量的催化剂二氧化锰，并加入氯化钠作助催化剂。其质量比为：$m_{(氯酸钾)}：m_{(二氧化锰)}：m_{(氯化钠)}=1：0.08：0.5$，这样可以控制反应速率。

② 缓慢加热，控制放出氧气的速率，减少固体反应物的气化。

③ 在反应物中加入少量生石灰，这样制出的氧气刺激性气味较弱，产生的白烟也会减少。

(2) 除了二氧化锰作催化剂外，也可用其他金属氧化物代替，但二氧化锰和氧化铜的催化效果最好。二氧化锰做催化剂产生氧气较快且气流平缓，而氧化铜做催化剂产生的气流稍有些不稳定。

实验三

氧气性质演示实验的研究

一、实验目的

(1) 熟练掌握"氧气性质"实验的操作要领；
(2) 探索"铁丝在氧气中燃烧"实验成败的关键。

二、实验要求

(1) 以氯酸钾为原料，制取 3 瓶氧气(2 瓶 125 mL，1 瓶 250 mL)；
(2) 按演示实验要求完成"氧气的制备和性质"的实验操作；
(3) 实验残渣回收到指定处。

三、实验用品

(1) 仪器：大试管、带导管的单孔塞、铁架台及附件、水槽、集气瓶、毛玻片、表面皿、角匙、台秤、酒精灯、玻璃棒、打火机。
(2) 药品：硫磺、木炭、铁丝、澄清石灰水、氯酸钾、二氧化锰。
(3) 其他：秤量纸、小木条、砂纸、灯用酒精。

四、实验内容

1. 氧气的制备

(1) 按实验要求组装好实验装置,并检查装置的气密性。

(2) 用台秤秤取氯酸钾 3 g,二氧化锰 1 g,氯酸钾固体应先在研钵中轻轻压碎成粉末后与二氧化锰在表面皿中用角匙或玻璃棒搅拌均匀。

(3) 用纸槽将氯酸钾、二氧化锰混合物送到试管底部,管口略向下倾斜,固定在铁架台上,用带导管的单孔塞塞紧。

(4) 将集气瓶装满水,倒立在盛有水的水槽中备用。

(5) 用酒精灯对试管来回预热后集中对药品处加热。可先加热离试管口近的反应物,待其融化后将火焰移至试管底部。控制好温度,不要太高,直到反应完毕,否则产生气体的速率过快,难以收集到 3 瓶气体。刚开始排出的气体主要是空气,待产生的气泡均匀、连续时,再收集。

(6) 收集完气体后,先把导气管移出水面,后移开并熄灭酒精灯。

2. 氧气的性质

氧气是一种活泼的气体,通常状况下能与很多物质发生化学反应。

(1) 氧气使带火星的木条复燃

将带火星的小木条(可用线香代替)伸入盛有氧气的集气瓶口,观察并在表实验 3-1 中记录实验现象。

表实验 3-1 氧气的性质实验记录表

氧气的性质实验	主要实验现象	现象解释或反应的文字表达式
氧气使带火星的木条复燃		
氧气与硫反应		
氧气与木炭反应		
氧气与铁丝反应		

图实验 3-1 硫在氧气中燃烧

(2) 硫与氧气反应

在燃烧匙里放少量(体积约为绿豆粒大)硫磺粉末,将盛有硫磺的燃烧匙放在酒精灯上加热至燃烧,观察并记录实验现象;然后把盛有燃着的硫的燃烧匙伸入盛满氧气的集气瓶中,如图实验 3-1 所示,观察火焰颜色的变化,比较硫在空气里和在氧气里燃烧有什么不同。(为什么?)实验完毕,将燃烧匙移出集气瓶并伸入水中熄灭火焰,用手轻轻在集气瓶上方煽动,小心闻一下产物的气味,记录实验现象。

(3) 木炭与氧气反应

将一小块木炭(蚕豆大小)用坩埚钳夹住,在酒精灯上加热到发红,然后将其放入燃烧匙里,迅速伸入到盛有氧气的集气瓶中,观察木炭与氧气反应的现象,如图实验 3-2 所示。比较木炭在空气中和在氧气里反应的现象有什么不同。待反应停止后,立即向集气瓶中倒入少量澄清的石灰水,振荡,观察和记录现象。

图实验 3-2 木炭在氧气中燃烧

(4) 铁与氧气反应

取一根长度约 12 cm 的细铁丝,用砂纸打磨,去掉铁丝表面的氧化膜;将打磨好的铁丝以螺旋状的形式缠绕在火柴杆上,铁丝的一端要靠近火柴头;另一端系在一根粗铁丝上(如没有粗铁丝,可系在燃烧匙不带勺子的那端),便于伸入集气瓶;点燃火柴,待火柴将要燃烧完又带有火焰时,缓缓将它伸入盛有氧气的集气瓶中,如图实验 3-3 所示。该集气瓶要事先留有少量水,观察并记录实验现象。

图实验 3-3 铁丝在氧气中燃烧

五、注意事项

(1) 在进行铁丝与氧气反应时,铁丝一定要打磨光亮;若实验不成功,需继续实验的话,铁丝必须再一次打磨光亮。

(2) 在进行氧气与硫磺反应时,硫磺用量不要过多,以免污染空气。

(3) 制氧气后的残渣一定要回收。

六、思考题

(1) 如何才能清洗燃烧匙上过多的硫磺?

(2) 如何才能做好"铁丝在氧气中燃烧"的实验?铁丝在空气中加热为什么不能燃烧,而在氧气中却可以剧烈燃烧?

七、参考资料

1. 实验内容的整合与改进

通常在做氧气性质演示实验时,需收集多瓶氧气,操作烦琐。做硫、磷燃烧时又会放出有毒气体,对人体有害。如果采用图实验 3-4 所示的装置进行演示,则可避免上述情况,而取得相同的演示效果。

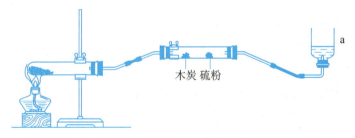

图实验 3-4 木炭、硫粉、铁丝在氧气中燃烧的实验综合改进

(1) 实验步骤

① 称取 3 g $KClO_3$,研细,再称取 1 g MnO_2 混合后装入干燥硬质大试管。按图实验 3-4 固定。

② 取一根 20 mm×300 mm 的硬质玻璃管(大试管去底也可),按一定距离装入木炭、硫粉两种药品,每种药品控制在 0.2~0.3 g。安上带导管的橡胶塞,一侧接发生装置,另一侧接一无底集气瓶,检查气密性。

③ 加热 $KClO_3$ 和 MnO_2 混合物。在 a 中加入少量水,当 a 中收集满氧气时,在 a 中做铁丝燃烧实验。

④ 加热木炭,使木炭燃烧,在 a 中加入澄清石灰水,可以观察到木炭燃烧发出白光及澄清的石灰水变浑浊。

⑤ 把 a 中换成品红溶液,加热硫使之燃烧可以看到硫燃烧发出蓝紫色火焰,品红褪色。

(2) 优点

① 装置简单,仪器少,材料易得,操作方便。

② 药品用量少。氯酸钾只用常规方法的 1/2,木炭、硫粉,只需 0.2—0.3 g。

③ 现象明显,便于观察,极适用于课堂演示。

④ 做完实验后,装置中的 a 倒置于一定量碱液中,可避免毒气污染,且不会倒吸。

(3) 几点说明

① 20 mm×300 mm 玻璃管可用大硬试管去底代替。无底集气瓶可用盐水瓶或葡萄糖瓶去底代替。

② 各种药品用量不必太多,药品间及药品与胶塞间用石棉隔开,以免引燃其他药品或胶塞。

2. 碳和氧气反应改进

(1) 在集气瓶中加入 1/2 的石灰水。

(2) 用镊子取一小块木炭在酒精灯上加热到发红,放到燃烧匙中。观察在空气中燃烧的现象。

(3) 将燃烧匙伸入集气瓶,并对准木炭通氧气,观察现象。

(4) 反应后,小心用手触摸集气瓶外壁。

3. 硫和氧气反应改进

(1) 在集气瓶中加入 1/2 的水。

(2) 在燃烧匙中放入少量硫粉,点燃,观察硫粉在空气中的燃烧现象。并注意有刺激性气味。

（3）在水中加几滴紫色石蕊试液，并观察分子扩散。

（4）将燃烧匙伸入集气瓶，并对准硫粉通氧气，观察现象。

（5）反应后，小心用手触摸集气瓶外壁。

4. 铁丝在氧气中燃烧的实验

（1）实验存在的问题

按照教材要求，铁丝在氧气中燃烧的实验，须将铁丝绕成螺旋状，并在铁丝的末端绑上一根火柴杆。实验时先将火柴杆点燃，待火柴杆将燃尽时，迅速伸入盛满氧气的集气瓶中。这样的操作存在两个问题：第一，火柴燃烧的程度不易把握。燃烧不够，火柴杆会消耗集气瓶中的氧气，影响铁丝的燃烧现象；火柴杆燃烧太过，铁丝又不能引燃，使实验失败。第二，该实验不能比较铁丝在空气和在纯氧气中燃烧程度的不同。

（2）实验的改进

用直径小于 0.18 mm 的细铁丝（家庭或办公楼房窗户铁纱窗的铁丝即可）做该实验，不需用火柴杆引燃。先用砂纸把铁丝打磨光亮，再直接将铁丝放在酒精灯或烛火上加热至红热时移出火焰，会看到铁丝与空气中的氧气反应并有少量不明亮的火星，然后将其放入盛满氧气的集气瓶中，会看到铁丝剧烈燃烧，火星四射，现象非常明显。反应停止后，可取出未反应的部分或另取一段重复上述操作。250 mL 的一瓶氧气可重复做 4、5 次，学生可重复观察。

（3）实验改进后的优点

① 可以比较铁丝在空气和在氧气中燃烧程度的不同；

② 现象明显，可以重复观察；

③ 节约药品，操作简单，如氧气量少，在试管中做该实验也会收到较好效果；

④ 集气瓶内不加水或细沙也不会有炸裂的危险。

实验四
电解水演示实验的研究

一、实验目的

(1) 探索以铂为电极,用不同浓度的氢氧化钠溶液和硫酸溶液为电解液,在不同的电压下电解水的最佳实验演示方案;

(2) 比较[H^+]或[OH^-]浓度相同时,酸、碱电解液对水电解的效果;

(3) 掌握用霍夫曼电解器进行水电解实验的操作原理与技巧,培养学生实验研究和进行实验创新的意识。

二、实验要求

(1) 精读初中化学教材和教学参考资料中有关水电解实验的内容,明确该实验的教学功能;

(2) 实验得到的氢气和氧气的体积比应为 2∶1;

(3) 分别用 6%、12%、15% 的氢氧化钠溶液为电解液,探索在其他条件不变的情况下,氢氧化钠溶液的浓度对电解水效果的影响;

(4) 分别用 12% 的氢氧化钠溶液([OH^-] = 3 mol/L)、浓硫酸与水体积比为 1∶11 的硫酸溶液([H^+] ≈ 3 mol/L),在直流电源 15 V 电压下电解水,探索摩尔浓度大约相同的酸或碱溶液对水电解实验效果的影响;

(5) 从物理化学角度分析影响水电解效果的主要因素;查阅相关文献,了解课堂电解水演示实验的最佳实验方案中电解质种类、电解液浓度及电压条件对实验结果的影响。

三、实验用品

(1) 仪器：霍夫曼电解器 低压直流电源、大烧杯。

(2) 药品：6%、12%、15%的氢氧化钠溶液,浓硫酸与水体积比为1∶11的硫酸溶液(约为 1.5 mol/L)。

(3) 其他：打火机、小木条。

四、实验原理和内容

1. 实验原理

反应方程为

$$2H_2O \xrightarrow{\text{直流电}} 2H_2\uparrow + O_2\uparrow$$

(1) 外加电压对本实验的影响

电极和两电极之间距离不变,两电极间所施加的电压越大,则电位梯度越大,离子的迁移速率就越大,也就越容易得到氢气和氧气;但是,电压过高,离子析出时电极上产生较高的超电位,影响氢气和氧气的析出速率,所以,本实验需要选择合适的电压来减小超电势的作用,促使两电极上以最快的速度和 $V(H_2):V(O_2) = 2:1$ 的量析出。文献表明：电解含氧酸或水的碱溶液的理论分解电压为 1.23 V,可以选择 5 V、10 V、15 V 等高于理论分解的电压,来研究适合课堂演示实验教学的最佳电压,以铂电极来降低超电势的作用。

(2) 电解液的酸碱度对实验结果的影响

本实验的电极反应为

$$(-) 2H^+ + 2e \longrightarrow H_2 \qquad (+) 4OH^- - 4e \longrightarrow O_2 + 2H_2O$$

可见,电解液的酸碱度对实验结果有较大的影响。在电解水时往往 H_2 的产出量比 O_2 的产出量多,实验的结果是 $V(H_2):V(O_2) > 2:1$。采用碱液为电解液,则阴极 H^+ 的浓度减少,其电极析出的电势更低而不容易析出 H_2；而阳极析出 O_2 的电势降低,有利于 O_2 的析出,使 $V(H_2):V(O_2) = 2:1$。选用氢氧化钠为电解质,用 6%、12%、15% 的氢氧化钠溶液来探讨不同浓度的碱溶液对实验结果的影响,找出最合适课堂演示实验的 NaOH 的浓度。还需使用与[OH⁻]摩尔浓度相同的[H⁺]的硫酸溶液来比较酸对本实验的影响情况。

2. 实验装置及操作

图实验 4-1　霍夫曼电解器

（1）实验装置

霍夫曼电解器其构造如图实验 4-1 所示,由两支标有刻度、带尖嘴和开关的玻璃管通过支管相连,支管的中心处由乳胶管与一球形漏斗相通,在两支有刻度的玻璃管的下端,分别用嵌有铂电极的橡皮塞塞紧,并连接在低压直流电源上。使用时固定在铁架台上。

（2）实验操作

① 先打开尖嘴下端的开关,从球形漏斗加入电解质溶液,用球形漏斗的高低控制玻璃管中的液面。当电解质溶液刚好充满两支玻璃管后,关上开关。用滤纸吸去渗入开关上的电解液;

② 接通电源后,把电压分别调到 5 V、12 V、15 V;各观察 3 min,准确记录两玻璃管中产生气体的体积;

③ 检验气体产物:左手缓慢打开阴极开关,右手用带火焰的木条点燃尖嘴处放出的气体,可以看到 H_2 燃烧的淡蓝色火焰;用同样方法,阳极产物用带火星的小木条检验,可以看到放出的 O_2 使小木条复燃。

（3）实验结果记录

将实验数据填入表实验 4-1 中,分析数据,得出最适合课堂演示水电解实验的方案。

表实验 4-1　电解水 3 min 时产生 H_2 和 O_2 的体积记录表

电解液	电压/V	5		10		15	
		$V(H_2)$	$V(O_2)$	$V(H_2)$	$V(O_2)$	$V(H_2)$	$V(O_2)$
NaOH	6%						
	12%						
	15%						
H_2SO_4	1∶11						

分析上述结果,得出最佳实验演示方案。

五、注意事项

(1) 霍夫曼电解器每用过一次都要及时清洗干净。

(2) 为了节约使用药品,每台仪器所装的溶液固定一个浓度,学生轮流在装有不同溶液浓度的实验装置上实验。每次实验前要向球形漏斗中添加同一浓度的电解液,充满玻璃管。

(3) 实验完毕,每种浓度的电解液都要分别回收到指定处。

六、思考题

(1) 当两极产生的 $V(H_2) : V(O_2) \neq 2 : 1$,请分析可能的原因。

(2) 分析实验结果,找出水电解实验在不同的电解质溶液、不同的溶液浓度、不同的电压条件下的变化规律。

(3) 根据水电解产生的 H_2 和 O_2 的体积比为 $2 : 1$ 的结果,请推导出一个水分子中氢原子和氧原子的个数。

(4) 通过课堂演示该实验,应引导学生习得哪些化学知识?

(5) 若采用盐类作为该实验的电解质时,需要注意哪些事项?

(6) 思考设计一个能方便实验操作的、简易的水电解装置并画图表示。

七、参考资料

电解水的实验亦可采用图实验 4-2 的装置,该实验装置以两头通的试管、水槽、铂电极、带乳胶管和钢丝夹的玻璃管、双孔塞及外电源组成。

组装好用铁架台固定。实验时先用吸耳球从试管塞上面的玻璃导管吸电解液至充满试管,然后将乳胶管夹紧,通电;电解结束后,引导学生观察两试管中

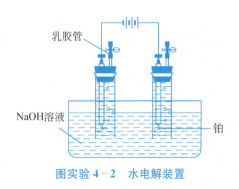

图实验 4-2 水电解装置

生成气体的体积比,再用注射器扎入乳胶管,吸收产物气体,移到酒精灯火焰上检验。可以听到氢气燃烧的爆鸣声,看到氧气的助燃现象。整个实验过程可以避免手与电解质溶液的直接接触,操作方便、现象明显、安全,适合在课堂中演示。

实验五

氢气的制取和性质演示实验的研究

一、实验目的

(1) 掌握实验室制取氢气的原理,了解启普发生器的构造和使用方法;
(2) 探索实验室制取氢气的简易装置;
(3) 掌握氢气性质实验的演示技能。

二、实验要求

(1) 了解启普发生器的构造和使用原理,设计一套具有启普发生器功能的简易装置并制取氢气;
(2) 能用制取的氢气吹出乒乓球大小的肥皂泡,用氢气还原氧化铜得到具有金属光泽的单质铜(铜镜现象);
(3) 点燃氢气前一点要先检验氢气的纯度;
(4) 每位同学要自带一个纸质杯子,以小一点为宜(不要带非纸质杯子);
(5) 氢氧混合气体点燃的爆炸实验,要在指导教师面前演示;
(6) 制氢气的废液、残渣以及氢气还原氧化铜后的残渣分别回收到指定处。

三、实验用品

(1) 仪器:启普发生器、大试管、双孔胶塞、铁架台及附件、水槽、集气瓶、长颈漏斗、小试管、酒精灯、弹簧夹、橡皮圈。

(2) 药品：锌片、硫酸(3 mol/L)、氧化铜粉末、肥皂水、硫酸铜溶液、灯用酒精、浓硫酸。

(3) 其他：火柴、小纸杯。

四、实验内容

1. 氢气的制备

图实验 5-1 简易启普发生器 I

实验原理：$Zn + H_2SO_4(稀) == ZnSO_4 + H_2\uparrow$

按图实验 5-1 组装好简易启普发生器 I 并检验其气密性，检验气密性时需先关闭开关（没有开关可用橡皮管配钢丝夹代替），再往长颈漏斗中加水至大试管中水面不再上升。观察漏斗内水面 5 min 内是否会下降，如不下降表明气密性良好。倒去简易启普发生器 I 内的水，往橡皮垫上放入适量的锌粒或卷好的锌片。打开开关，往漏斗内加入硫酸溶液（3 mol/L），至酸液与锌片接触时停止，关闭开关。需要气体时，打开导气管上的开关，酸液从漏斗管流下。当液面超过橡皮垫高度时，与固体接触发生反应，产生的气体从导气管处排出，用排水法或向下排空气法收集氢气，刚开始产生的一部分气体不收集。不需要气体时，关闭开关，不断产生的气体就会形成较大的压强而将液体压回漏斗，使固液两相分离，反应停止。

如图实验 5-2 所示，简易启普发生器 II 由一配有单孔塞的破底试管和一烧杯（或广口瓶）组成。破底试管的管底可垫些玻璃棉，以防固体反应物掉落。试管固定在铁架台的铁夹上。若用广口瓶盛放液体，则可配一瓶塞将试管固定，但插试管的塞孔不能太紧，使其能较容易地上下移动。

当需要气体时，将破底试管底部浸入液体内，产生的气体就从试管上的导管逸出。不需要气体时，将试管底部提出液面，使液体从试管底部流出，反应自然停止。

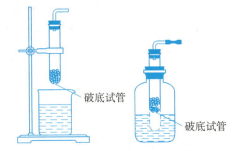

图实验 5-2 简易启普发生器 II

2. 氢气的验纯

用排水法收集一试管的氢气,然后用大拇指堵住管口,伸到酒精灯的火焰上。松开拇指,若听到一声刺耳尖锐的爆鸣声,则收集的氢气不纯。这时要用拇指堵住管口一会儿或将试管浸入水内,使试管内残余的氢气火焰熄灭,然后再重复以上步骤验纯,听到很小的"噗"的爆鸣声,则说明氢气纯净,可以点燃。

3. 氢气吹肥皂泡

连接氢气发生装置的导管口蘸些肥皂水,管口朝上。缓缓打开氢气发生器开关,控制氢气流速。吹出肥皂泡到乒乓球大小时,左手关闭开关,右手捏紧橡胶管止住气流,轻轻抖动导管或向上吹气泡,氢气泡即脱离管口而腾空。吹肥皂泡的管子,用竹笔帽或内壁翻出的橡皮管都较好。用玻璃管吹泡,肥皂泡容易滑动,不易脱离。

氢气吹成的肥皂泡还可以爆鸣。取火柴并在酒精灯上点燃,伸在肥皂泡的正上方约 20~30 cm 处,肥皂泡脱离导管,缓缓上升遇到火苗时,发生爆鸣。

4. 氢气的可燃性

实验原理:

$$2H_2 + O_2 \xrightarrow{\text{点燃}} 2H_2O$$

(1) 纯净的氢气在空气中燃烧

验纯后,在尖嘴导管口点燃从大试管中导出的纯净氢气,纯净的氢气在空气中安静地燃烧,发出淡蓝色的火焰。若是玻璃尖嘴导管,则火焰显淡黄色,这是因为玻璃中含有少量钠元素。如果使用的是铁质尖嘴导管,则可观察到淡蓝色火焰。在氢气火焰上方罩一个干而冷的小烧杯,过一会儿,可以看到烧杯内壁有水蒸气附着而变得模糊。熄灭火焰,烧杯冷却后,内壁有小水珠,这证明:氢气在空气里燃烧,实际上是氢气与空气里的氧气发生了化合反应,生成了水,同时放出大量的热。

(2) 氢气与空气混合的爆鸣

当空气中混入氢气体积达到 4%~74.2%时,点燃就会发生爆鸣(4%~74.2%就是氢气的爆炸极限),因此点燃氢气前一定要检验氢气的纯度。

如图实验 5-3 所示,在纸杯的杯口处剪一小孔 a(导管能伸入为宜),在杯侧面

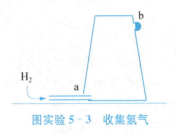

图实验 5-3　收集氢气

中部或顶上用线香烧一小孔 b。杯口向下，倒扣在桌面上，用纸团堵住小孔 b，将气体发生装置的导气管从杯的小孔 a 处伸入，使纸杯内充满氢气。把氢气发生装置及导管移开，拔掉纸团，迅速用燃着的木条在纸杯的小孔 b 处点火，观察发生的现象并解释原因（做这个实验时，人要离得远些，注意安全）。

5. 氢气的还原性

实验原理：

$$CuO + H_2 \xrightarrow{\triangle} Cu + H_2O$$

氢气能跟某些氧化物（如氧化铜）反应，夺取氧化物中的氧，因此具有还原性，是一种重要的还原剂。

（1）取一支洁净的试管，将少量氧化铜均匀地在试管底部铺成薄薄的一层（可先用一洁净的玻璃管用嘴往试管底部吹口气，再用纸槽将少量氧化铜粉末送入试管底部并稍摇动）。把试管固定在铁架台上，先通入氢气，赶尽试管中的空气，再给氧化铜加热，如图实验 5-4 所示。

图实验 5-4　氢气还原氧化铜

（2）等黑色粉末反应后变为光亮的红色，试管口有水珠生成时停止加热，并继续通入氢气，直至玻璃管冷却至室温，然后停止通入氢气，倒出固体观看。

注意　氢气还原氧化铜的实验，需要高温，刚开始加热时，温度不够高，可看到氧化铜先由黑色变成砖红色，$2CuO + H_2 \xrightarrow{\triangle} Cu_2O + H_2O$，继续加热到较高温度，试管壁才出现铜镜现象，同时有水生成，$Cu_2O + H_2 \xrightarrow{\triangle} 2Cu + H_2O$。如只得到砖红色粉末时，可继续加热（采用酒精灯加铁丝网罩或使用酒精喷灯）即可取得较好的效果。

五、注意事项

（1）氢气在空气中的爆炸极限是 4%～74.2%（体积比），因此演示氢气的性质实验时，要特别注意安全。

(2) 如果锌与稀硫酸反应速度太慢,可往大试管内加入少量的硫酸铜溶液,或用临时配置的稀硫酸与锌反应。但滴加的硫酸铜溶液不宜太多,否则锌与硫酸铜反应生成大量的铜附着在锌的表面,阻碍锌与酸的接触,也会减慢反应速率。

(3) 反应后的废酸与锌粒回收。

(4) 氢气还原氧化铜时,一定要先通入氢气,并验纯后再加热;试管口要略向下倾斜;通氢气的导管应在氧化铜的上方,到达试管的底部;反应结束后,一定要先熄灭酒精灯,等玻璃管冷却后再停止通入氢气!可以归纳为:氢气"早出晚归",酒精灯"迟到早退"。

六、思考题

(1) 在制取氢气时为什么要用 3 mol/L 的硫酸,能不能用浓度更大的硫酸?

(2) 氢气与空气混合的爆鸣实验中,为什么有的一点就爆炸,而有的是先安静地燃烧一会而后爆炸?

(3) 氢气还原氧化铜后的银镜如何洗去?

(4) 氢气还原氧化铜时,为什么要先通氢气再加热?反应结束时为什么要先撤酒精灯,冷却后再停止通入氢气?

七、参考资料

1. 启普发生器的构造及使用方法

(1) 启普发生器的构造

启普发生器又称气体发生器、启氏气体发生器、氢气发生器,是一种实验室常用的气体发生装置,由荷兰科学家启普(Petrus Jacobus Kipp 1808~1864)发明,并以他的姓命名。该气体发生器用普通玻璃制成,由球形漏斗、容器和导气管 3 部分组成,构造如图实验 5-5 所示,适用于块状固体与液体在常温下反应制取难溶的气体,如氢气等。块状固体在反应中很快溶解或变成粉末的,不能用启普发生器。生成的气体能溶于水但难溶于反应液也可以用此装置,如

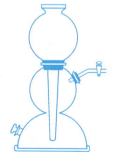

图实验 5-5 启普发生器

二氧化碳可溶于水,但难溶于盐酸,故用石灰石与盐酸反应制二氧化碳时可用启普发生器。启普发生器不能用于需要加热的反应。

(2) 启普发生器的使用

① 使用前应首先检查整个装置是否漏液(漏水)、漏气。若是新的启普发生器,在检查前应先在球形漏斗及导气管开关等磨砂部分薄薄地涂上一层凡士林,并插入磨口内旋转,如图实验5-6所示,使之装配严密,然后检查是否漏液、漏气。打开导气管的开关,从球形漏斗口注入水至充满半球体,如图实验5-7(a)所示,检查半球体的下口塞是否漏水。若漏水,则将塞子取出、擦干、塞紧,或更换塞子后再检查。若不漏水,再检查是否漏气。

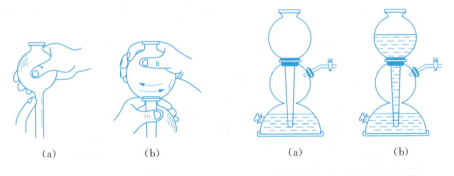

图实验5-6　涂凡士林　　　　　图实验5-7　检验漏液、漏气

关闭导气管的活塞,继续从球形漏斗注入水至漏斗1/2处,停止加水如图实验5-7(b)所示,并标记水面的位置,静置片刻,然后观察水面是否下降。若水面不下降,则表明不漏气。若漏气,则应检查原因,可从导气管活塞、胶塞和球形漏斗与容器的连接处重点检查,并排除。

② 装填固体试剂。装填固体的方法有两种:

a. 从容器球形体的上口加入。取出球形漏斗,让容器横放在桌面上,将适当大小的固体从大口装入球形体内,不要使固体落入半球体中。装入固体的量以不超过球体容积的1/3为准,如图实验5-8(a)所示。将球形漏斗插入,插牢后,如图实验5-8(b)所示,竖立容器,轻轻摇动,使固体分布均匀,如5-8(c)所示。

b. 从容器球形体的侧口(导气管的塞孔)加入。让启普发生器直立于桌面上,拔下导气管的橡皮塞,从塞孔将固体加入在容器的球体内,并使固体分布均匀,如图实验5-9所示。

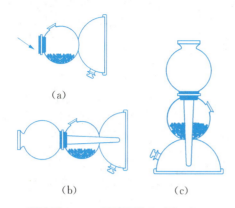

图实验 5-8　装填固体方法(一)　　　　　图实验 5-9　装填固体方法(二)

反应物颗粒变小,易漏入下半球体中,使反应无法控制。为防止较小反应物的漏下,加一多孔的橡皮圈。从塑料片或废弃自行车内胎,切下一块大小合适的圆形薄片,在薄片中间打一大孔(能恰好紧套在球形漏斗颈的相应部位),大孔周围许多小孔或剪成许多小细齿,如图实验 5-10(a)所示,然后把多孔(或多齿)薄片套在球形漏斗颈上,如图实验 5-10(b)所示,装上容器,使橡皮圈恰好挡在缝隙处。

也可在孔道上填塞一些玻璃纤维,或堆放些碎玻璃片,或放置一圈小玻璃球(直径 7~8 mm),或用尼龙绳(或塑料电线外皮)缠绕在球形漏斗颈的合适部位。

图实验 5-10　防止较小固体漏下

③ 注入液体(或溶液)反应物。可将液体(或溶液)从球形漏斗注入。注入时应先打开导气管的开关,待注入的液体刚与锌粒接触时,关闭导气管的活塞,再继续加入液体至液体进入球形漏斗上部球体的 1/4~1/3 处,以便反应时液体可浸没固体。不要过多,否则在反应中液体可能冲入导气管。

④ 试用。将固体和液体(或溶液)反应物都按上述操作装入后,打开导气管开关,液体就从半球体进入球体,如图实验 5-11(a)所示,与固体接触发生反应,生成的气体就由导气管逸出。然后关闭导气管的开关,由于球体内气压增大,将液体压回半球体和球形漏斗,液体与固体分离,反应自动停止,如图实验 5-11(b)所示。上述试验说明装置功能正常,可正式使用。

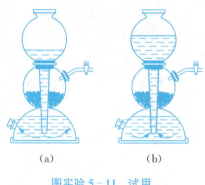

图实验 5–11　试用　　　　　图实验 5–12　中途添加固体

⑤ 气体的收集。从启普发生器导气管出来的气体最好用相应的洗气装置除杂和干燥,以便得到更加纯净的气体。如制取氢气,可用硫酸铜溶液除杂,用浓硫酸干燥。

⑥ 反应中途固体和液体反应的添换方法。通常,在反应中固体反应物将近用完或液体(或溶液)浓度变稀时,反应变得缓慢,生成的气体不够用,则应添加固体或更换液体(或溶液)。

图实验 5–13　中途更换液体(一)

a. 添加固体的方法:先关闭导气管的开关,将球体内的液体压出,使其与固体脱离接触,然后用橡皮塞塞严球形漏斗的上口(防止球形漏斗里的液体下降冲入容器球体部分,使反应发生)。再拔下导气管上的塞子,将固体从导气管塞孔添加,如图实验 5–12 所示。然后,重新塞紧带导气管的塞子,再拔下球形漏斗口上的橡皮塞。

b. 中途添换液体(或溶液)的方法:比较方便而又常用的一种方法是,关闭导气管的活塞,将液体压入球形漏斗中,然后用移液管将用过的液体抽吸出来如图实验 5–13 所示。当然也可用虹吸管吸出液体,吸出的液体量应依需要而定。吸出废液后,再添加新液体。

另一种方法是,如图实验 5–14 所示,从半球体上的下口塞孔放出废液。关闭导气管的活塞,把液体压入球形漏斗中,然后用橡皮塞塞严球形漏斗的上口。把启普发生

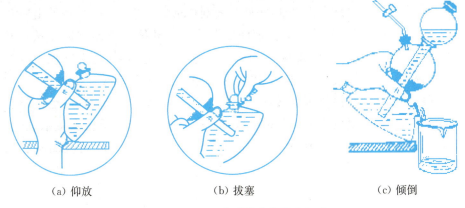

(a) 仰放　　　　　(b) 拔塞　　　　　(c) 倾倒

图实验 5-14　中途换液体方法(二)

器先仰着放在废液缸上,使下口塞附近无液体,再拔下塞子(戴上橡皮手套或用钳子去拔,不要用手直接拔,以免腐蚀皮肤),再使发生器下倾,让废液流出。废液流出后,再把塞子塞紧,直立启普发生器,从球形漏斗口注入新的液体。

搬动或移动启普发生器时,则要注意用手握住容器的凹进部分——蜂腰,如图实验 5-15(a)所示;或用一手握持容器球形部分的上口颈部,另一只手托住半球体底部,如图实验 5-15(b)所示。但绝不能只用一只手握住球形漏斗提着它移动,如图实验 5-15(c)所示,这样会使容器部分脱落,不仅会损坏仪器,而且可能造成伤害事故。

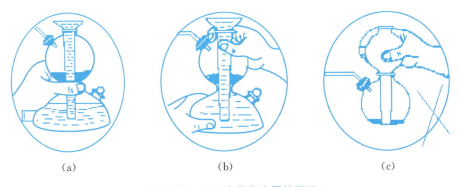

(a)　　　　　(b)　　　　　(c)

图实验 5-15　启普发生器的搬运

图实验 5-16
启普发生器的存放

启普发生器使用以后,若要放置一段时间再用,最好将球形漏斗中的液体试剂(如酸液等)用移液管吸出一部分,剩下的液体即使完全落入半球体也不能与固体试剂接触,如图实验 5-16 所示,这样可避免在放置过程中因容器慢慢漏气,使球形漏斗中的液体逐渐落入半球体,以致与固体试剂接触发生反应。这不仅浪费试剂,还会使反应生成物(如 $ZnSO_4$、$CaCl_2$ 等)在半球体内析出大量结晶,甚至在球形漏斗与容器缝隙处形成黏结,造成洗刷容器的困难。

2. 氢气性质实验改进

(1) 氢气在空气中燃烧

为了避免因钠离子干扰氢气火焰的颜色,可使用铜制尖嘴导管代替玻璃管,这样就可以看到氢气燃烧时的淡蓝色火焰。

(2) 氢气与空气的混合气体爆炸实验

为了更清楚地观察到氢气燃烧的现象和爆炸出现火光,改用透明并钻有小孔的硬质塑料筒(如去掉下半部分的矿泉水瓶)。在讲授氢气的爆炸极限时,把氢气发生装置的导气管伸进爆炸容器中就立即抽出,点燃不爆炸,说明氢气含量少;再将导气管伸入爆炸容器中,使容器内充满氢气,移去导气管,再点燃,会发现氢气先安静地燃烧而后发生爆炸。这一现象说明,容器内氢气纯度高,不会发生爆炸,随着氢气的消耗,空气逐渐涌入容器与氢气充分混合发生了爆炸,使学生充分理解爆炸极限的含义。

实验六
碳的性质演示实验的研究

一、实验目的

(1) 掌握碳的性质实验演示的技能；
(2) 探索木炭吸附性和碳还原氧化铜实验的最佳方案。

二、实验要求

(1) 木炭的吸附性实验要求操作简便、现象鲜明；
(2) 碳还原氧化铜实验要求能观察到澄清石灰水变浑浊（或先浑浊后澄清）；还原反应开始后撤离酒精灯，反应物可持续燃烧，最后可见到紫红色，有金属光泽的铜珠或海绵状铜生成；
(3) 实验废渣回收到指定处。

三、实验用品

(1) 仪器：大、小试管，带导管单孔塞，铁架台（含附件），玻璃弯管，乳胶管，酒精灯，两头通试管，破底小试管，研钵，喷灯。
(2) 药品：木炭，澄清石灰水，铜片，浓硝酸，品红溶液（或红、黑墨水）。
(3) 其他：棉花（或玻璃纤维）、打火机。

四、实验内容

1. 木炭的吸附性

木炭是一种多孔状的物质,具有很大的表面积,能吸附一些气体或液体中的有色物质。吸附能力的大小,与其表面积、干燥程度有较大关系。木炭表面积愈大,吸附能力也愈强;木炭越干燥,吸附效果越好。所以,实验前,要将木炭块砸成小块,并放在蒸发皿或石棉网上烘干。

注意 烘木炭时要用镊子或玻璃棒不停地翻动(绝不能用牛角匙翻动,以免烧坏),以赶走木炭小孔中的水气或其他气体杂质,增大反应的表面积而提高实验效果。

(1) 木炭吸附红棕色的二氧化氮气体

用浓硝酸和铜片、自行设计的简易装置(参照图实验5-2),制备并收集一试管二氧化氮气体。将烘烤过的几小块木炭放入充满二氧化氮气体的试管中,塞好塞子并振荡试管,使红棕色的二氧化氮气体充分与木炭接触。静置半小时后,观察锥形瓶内的颜色有什么变化,说明原因。

(2) 木炭吸附溶液中的色素

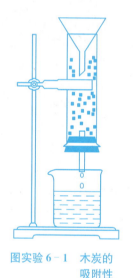

图实验6-1 木炭的吸附性

在150 mL的锥形瓶中加入50~100 mL含品红呈淡红色的水,投入几块经过烘烤的木炭,轻轻振荡并静置片刻,观察溶液颜色的变化;或取一两头通的试管,如图实验6-1所示安装好,管的一端塞上一带玻璃管的单孔塞,管内放少量棉花,再放入少量烘烤好的木炭,从漏斗中加入含品红的浅红色水溶液,下端用烧杯接液。比较烧杯中液体的颜色与过滤前液体的颜色有什么不同,说明为什么。

2. 碳的还原性

(1) 实验原理

$$C + 2CuO \xrightarrow{\triangle} 2Cu + CO_2 \uparrow$$

该实验的成败关键决定于4个方面的因素,即温度高低、反应物质量比、反应物表面积以及反应过程中是否有水蒸汽。

① 温度对碳还原氧化铜实验的影响。由于 CuO 是离子晶体,属于闪锌矿型,与金刚石的晶体结构很相似,这种稳定的结构使其在这一反应中有较高的活化能,因此,反应开始需要较高的温度。

② CuO 与 C 的质量比对反应的影响。根据化学方程式的计量关系,碳与氧化铜的质量比为 1∶13.3 才能完全反应,但是,由于木炭中含有杂质,木炭在反应中会与空气中的氧气化合消耗掉一部分,因此,在实验时木炭的用量应比理论值多一些。且炭粉有润滑性,多一点有利于反应物混合均匀(若 CuO 过量的话,反应物在混合碾磨时容易结块)。

③ 木炭与氧化铜混合程度对反应的影响。因为反应物都是固体,化学反应只在固体表面进行,若反应物颗粒较大,混合就不充分,反应发生就不够完全,所以反应的混合物在加热前必须尽量碾细,以增大木炭与氧化铜的接触面。

④ 水分对还原氧化铜实验的影响。反应物若含有水分,在加热时就会蒸发而吸热,产生的大量水蒸汽会阻碍木炭与氧化铜反应的发生,所以实验时应先对木炭和氧化铜干燥处理。

(2) 实验装置

由于是固体在加热的条件下生成气体的反应,可以参照实验室制氧气的发生装置,生成的二氧化碳可以通入澄清的石灰水中检验,实验装置如图实验 6-2 所示。

图实验 6-2 炭还原氧化铜

(3) 实验操作

① 由于 CuO 与 C 的质量比是导致实验成败的重要因素,木炭要稍过量。为了探索演示实验的最佳效果,在控制其他因素不变的情况下,按照表实验 6-1 中的几种比值来研究该实验氧化铜与碳的最佳质量比例。

表实验 6-1 碳还原氧化铜实验中最佳质量比的探究

$m(CuO)∶m(C)$	实验现象	结论(最佳方案)
6∶1		
7∶1		
8∶1		
9∶1		
10∶1		

②　取适量小块木炭放在石棉网上用酒精灯烘烤,然后放在研钵中研磨成粉末,再依次按照上述质量比的要求称取一定质量的木炭粉和氧化铜粉末,置于研钵中,一起研磨至混合均匀(约 20~30 min)。用纸槽将混合均匀的粉末送入干燥的试管底集中放置,将配好导管的单孔塞塞好试管,固定在铁架台上,导管插入盛有澄清石灰水的试管(或小烧杯)中。也可以用具支试管代替普通试管,目的是点燃从支管口出来的气体,看其是否会燃烧,以检验其产物中是否有一氧化碳。

③　用酒精灯对试管中的混合物先预热,然后集中火力对药品加热,待反应混合物开始燃烧时,撤去酒精灯。反应停止后,冷却至常温,取下试管,倒出试管中的生成物观察。一看产物是海绵状的铜粒还是圆圆的铜珠,二看产物的色泽。

注意　如果在酒精灯上加一铁丝网罩或用酒精喷灯加热,反应更迅速。

五、注意事项

(1) 由于二氧化氮气体的用量不多,为了节约药品和减少二氧化氮的污染,由老师指导 1、2 名学生制备二氧化氮,供全体同学实验用。

(2) 木炭要烘焙,确保干燥,与氧化铜混合研磨一定要充分。

(3) 研钵要小心使用,不能敲,以免敲破。

(4) 使用小试管效果更好。

六、思考题

(1) 实验前,为什么要烘烤木炭?

(2) 碳还原氧化铜时,反应物为什么要混合均匀? 反应混合物开始燃烧时为什么可以撤去酒精灯?

(3) 碳还原氧化铜演示实验成败的关键因素有哪些,在实验操作中如何把握?

七、参考资料

(1) 碳还原氧化铜还可以用其他装置,如图实验 6-3 或图实验 6-4 所示。

实验六　碳的性质演示实验的研究

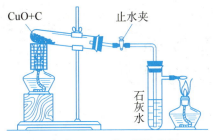

图实验 6-3　碳还原氧化铜

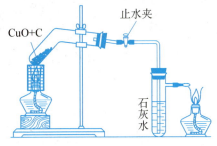

图实验 6-4　碳还原氧化铜

（2）碳的还原性实验时可采用附有氧化铜的铜片或铜丝。将铜片或铜丝放在酒精灯火焰上加热至铜表面附有一层均匀的氧化铜薄膜,然后插入炭粉中加热。反应结束后可趁热将试管内物质倒入水中,防止铜再次被氧化,冷却后可以看到较鲜明的现象。

实验七

制备氢氧化亚铁演示实验的研究

一、实验目的

(1) 了解影响氢氧化亚铁形成的主要因素;
(2) 探索课堂演示制备氢氧化亚铁的最佳实验方案;
(3) 掌握制得纯白色氢氧化亚铁沉淀的操作技巧。

二、实验要求

(1) 查阅文献,了解制备氢氧化亚铁的原理和主要影响因素;
(2) 实验前现场制取 $FeSO_4$ 稀溶液;
(3) 制得纯白色的氢氧化亚铁沉淀。

三、实验用品

(1) 仪器:电子天平、烧杯、试管、酒精灯、胶头滴管、石棉网、铁架台、玻璃棒、有刻度的离心管;
(2) 药品:硫酸(3 mol/L)、氢氧化钠固体、蒸馏水;
(3) 其他:铁钉、打火机。

四、实验原理和装置

1. 实验原理

方程式为

$$Fe^{2+} + 2OH^- \Longrightarrow Fe(OH)_2 \downarrow$$

溶液的酸碱度对 $Fe(OH)_2$ 的形成有影响;因为 Fe^{2+} 易被空气中的氧气氧化,所以,氧气对 $Fe(OH)_2$ 的稳定存在也有影响。

(1) 酸碱度的影响

溶液的酸碱度对能否形成纯白色的 $Fe(OH)_2$ 有重要的制约作用,这可以从 $Fe-H_2O$ 体系电势-pH 图的分析得知,如图实验 7-1 所示。当反应体系的 pH 值大于或等于 7.45 时,才能形成稳定的 $Fe(OH)_2$ 沉淀,当 $2.2 < pH < 7.45$ 时,存在 $Fe(OH)_3 + 3H^+ + e^- \Longrightarrow Fe^{2+} + 3H_2O$ 的电化学平衡,会产生有色的 $Fe(OH)_3$ 而影响实验结果,因此,本实验所用碱液的浓度要足够大,使反应体系的 pH 值大于 7.45。但是,在强碱溶液中,$Fe(OH)_2$ 对碱也显示出弱的反应能力,会溶于浓碱溶液而生成 $[Fe(OH)_6]^{4-}$,因为 $Fe(OH)_2 + 4OH^- \Longrightarrow [Fe(OH)_6]^{4-}$,所以该实验反应体系的 pH 值应稍大于 7.45。

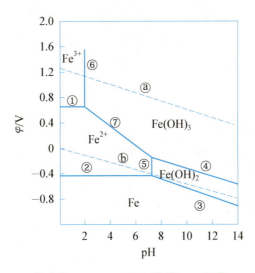

图实验 7-1 $Fe-H_2O$ 体系 φ-pH 图

(2) 氧气对本实验的影响

通过分析 Fe-H_2O 体系电势-pH 图还可知,在碱性溶液里 φ^0(Fe(OH)$_3$/Fe(OH)$_2$)=-0.56 V,说明空气中的氧可以把白色的 Fe(OH)$_2$ 完全氧化成红棕色的 Fe(OH)$_3$。所以,要在隔绝空气的情况下,反应生成的 Fe(OH)$_2$ 才能稳定存在。

2. 反应物的选择和反应液浓度的确定

反应液中 OH$^-$ 由 NaOH 溶液提供,Fe^{2+} 可以由 FeSO$_4$ 溶液或 FeSO$_4$·(NH$_4$)$_2$SO$_4$·6H$_2$O 溶液提供。因为 FeSO$_4$·(NH$_4$)$_2$SO$_4$·6H$_2$O 溶液的密度比同等摩尔浓度的 FeSO$_4$ 溶液的密度大,不利于反应生成的 Fe(OH)$_2$ 下沉,所以,本实验选用 FeSO$_4$ 溶液提供 Fe^{2+}。由于 FeSO$_4$ 很容易被空气中的氧气氧化而影响其纯度,故实验时需要现场配制 FeSO$_4$ 溶液,让过量的铁钉防止其氧化。实验时,3 mol/L 的硫酸与铁钉反应,稍加热至溶液刚呈现浅绿色即可用于实验。

根据反应原理,碱液的浓度应为亚铁盐溶液浓度的 2 倍,而制备 FeSO$_4$ 时用的是 3 mol/L 的硫酸,所以,加入的 NaOH 溶液浓度为 6 mol/L 才能完全反应,故应选择大于 6 mol/L 的氢氧化钠溶液,才有可能使反应体系的 pH 值稍大于 7.45。

3. 操作方法和实验装置

装置如图实验 7-2 所示,先向离心管或(小试管)加入 3 mL 的 FeSO$_4$ 溶液,再用滴管吸取浓的 NaOH 溶液并伸入 FeSO$_4$ 溶液的底部挤出。

图实验 7-2 制备氢氧化亚铁方法

五、实验内容

1. FeSO$_4$ 稀溶液的配制

取洁净的铁钉 2 枚,放入装有 20 mL 3 mol/L 的硫酸的小烧杯中,稍加热至出现浅绿色后,用表面皿盖上冷却备用。

2. NaOH 溶液的配制

用 4 个 50 mL 的烧杯分别称取 6 g、7 g、8 g、9 g 的 NaOH 固体各 1 份,各

加入蒸馏水 25 mL，加热至沸，搅拌溶解后，盖上表面皿冷却备用。制得 6 mol/L、7 mol/L、8 mol/L、9 mol/L 的 NaOH 溶液，每种浓度的溶液配一支用蒸馏水洗净的滴管。

3. 制得 $Fe(OH)_2$ 的操作

取 4 支有刻度的 5 mL 离心管，分别加入 3 mL $FeSO_4$ 溶液。先后用 4 支滴管吸取不同浓度的 NaOH 溶液（要尽量吸满），4 支滴管分别对应 4 支装有 $FeSO_4$ 溶液的离心管，弃去第一滴后各迅速插入 $FeSO_4$ 溶液中，挤出 NaOH 溶液，滴管中保留少量的 NaOH 溶液以防止溶解氧的参与。

取 4 支有刻度的 5 mL 离心管分别加入 3 mL 不同浓度的 NaOH 溶液。然后用 4 支滴管各吸取 $FeSO_4$ 溶液（也要尽量吸满），分别弃去第一滴后迅速插入不同浓度的 NaOH 溶液中，挤出 $FeSO_4$ 溶液。滴管中保留少量的 $FeSO_4$ 溶液以防止溶解氧的参与。

4. 实验现象记录

记录两种实验操作方法产生的氢氧化亚铁沉淀的颜色及保持白色的时间，见表实验 7-1，得出最适宜在课堂演示的实验方案。

表实验 7-1 制备氢氧化亚铁实验现象记录

NaOH 溶液浓度	实 验 操 作		实 验 现 象		最佳实验演示方案
	Ⅰ	Ⅱ	Ⅰ	Ⅱ	
6 mol/L	NaOH 溶液挤入 $FeSO_4$ 溶液中	$FeSO_4$ 溶液挤入 NaOH 溶液中			
7 mol/L	NaOH 溶液挤入 $FeSO_4$ 溶液中	$FeSO_4$ 溶液挤入 NaOH 溶液中			
8 mol/L	NaOH 溶液挤入 $FeSO_4$ 溶液中	$FeSO_4$ 溶液挤入 NaOH 溶液中			
9 mol/L	NaOH 溶液挤入 $FeSO_4$ 溶液中	$FeSO_4$ 溶液挤入 NaOH 溶液中			

六、注意事项

(1) $FeSO_4$ 溶液的浓度不能太浓,否则生成的 $Fe(OH)_2$ 无法沉淀。
(2) 溶液的配制及仪器的洗涤都必须使用蒸馏水。
(3) 实验完毕,铁钉洗净回收,NaOH 溶液倒入指定容器。

七、思考题

(1) 如何除去铁钉表面的铁锈?
(2) 氢氧化钠溶液为什么要煮沸?

八、参考资料

在制备氢氧化亚铁的实验中,也可采用图实验 7-3 所示装置。

图(a)装置和图(b)装置都利用了铁与稀酸反应生成的氢气赶走溶液中溶解的氧气。关闭止水夹后,利用继续产生的氢气把硫酸亚铁溶液压到氢氧化钠溶液中,以得到更纯的氢氧化亚铁沉淀。装置中利用了液封,防止空气中的氧气进入溶液中干扰生成的沉淀。图(c)装置也是利用了铁与稀酸反应生成的氢气赶走试管中的空气,避免氢氧化亚铁被氧化。

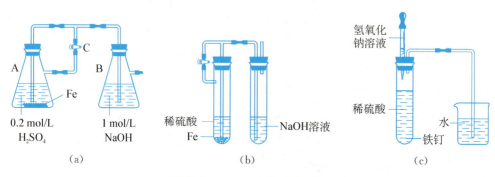

图实验 7-3 制备氢氧化亚铁

也可以在亚铁离子溶液表面放少许煤油或苯以隔绝空气。

实验八
氨的催化氧化演示实验的研究

一、实验目的

(1) 学习从氨的催化氧化的实验原理分析影响实验成败关键因素的方法；
(2) 探索氨的催化氧化课堂演示实验的最佳方案；
(3) 掌握氨的催化氧化实验演示的技巧。

二、实验要求

(1) 实验结果应观察到催化剂在反应过程中出现红热状态，圆底烧瓶内充满红棕色气体(NO_2)、紫色石蕊变红；

(2) 由于不同种类的反应物受热分解的速度不同，故要求操作时将反应物之间用玻璃纤维隔开约 1.5 cm，用两个酒精灯先后加热催化剂及不同的反应物；

(3) 称取 NH_4Cl 1 g，$KMnO_4$ 8 g、9 g、10 g，探索氨的催化氧化的最佳实验演示方案。

三、实验用品

(1) 仪器：大试管、铁架台(带铁夹)、圆底烧瓶(带双孔塞)、玻璃弯管、小烧杯、酒精灯、镊子、玻璃棒。

(2) 药品：$KMnO_4$ 粉末、NH_4Cl 晶体、紫色石蕊试液、CuO 粉末、CaO 颗

粒、MnO_2。

(3) 其他：玻璃纤维、打火机。

四、实验原理和实验装置

1. 实验原理

氨的催化氧化是工业上制硝酸的重要反应,其实验过程是氨气被氧气氧化生成一氧化氮,然后一氧化氮继续被氧气氧化生成二氧化氮,二氧化氮溶于水得到硝酸。本实验的氨气由 NH_4Cl 分解提供,氧气由 $KMnO_4$ 分解提供,为了促进 NH_4Cl 分解,同时消除反应物加热产生的湿存水及吸收产生的氯化氢,需要在 NH_4Cl 中加入生石灰;催化剂用氧化铜掺入少量二氧化锰的混合物。

化学反应方程式如下:

$$2KMnO_4 \xrightarrow{\triangle} K_2MnO_4 + MnO_2 + O_2\uparrow$$

$$NH_4Cl \xrightarrow{\triangle} NH_3\uparrow + HCl \qquad HCl + CaO == CaCl_2 + H_2O$$

$$4NH_3 + 5O_2 \xrightarrow[\text{高温}]{\text{催化剂}} 4NO + 6H_2O + 907.1 \text{ kJ}$$

$$2NO + O_2 == 2NO_2 + 113.1 \text{ kJ}$$

$$3NO_2 + H_2O == 2HNO_3 + NO + 135 \text{ kJ}$$

2. 反应物用量的计算

依据化学方程式的计量关系,氨气完全反应,并转变成二氧化氮,所需氧气的质量比是 $(4\times17):(5\times32+2\times32)=17:56$。为达到这一比值,氯化铵与高锰酸钾的质量比应为 $53.5:553\approx1:10.3$。但是圆底烧瓶中有空气,若其中所含的氧气可以与 NO 完全反应生成 NO_2,那么,氨气氧化所需氧气的质量比应为 $(4\times17):(5\times32)=17:40$,计算得氯化铵与高锰酸钾的质量比只需要 $53.5:395\approx1:7.4$。不过,圆底烧瓶体积有限,所含氧气较少,故高锰酸钾的用量应略增加,考虑到过量的氧气会冲淡二氧化氮的红棕色,影响实验观察效果,用 1 g 氯化铵、$8\sim10$ g 高锰酸钾,可以探究出最佳实验效果时氯化铵与高锰酸钾的合理用量比值。

3. 实验装置

实验装置如图实验8-1所示。

集氧气、氨气的产生和干燥、催化反应于一支试管中,装置简单。在试管底部加入定量高锰酸钾,中间加入氯化铵和氧化钙的混合物(氧化钙可起到干燥和吸收氯化氢气体的作用),然后再加入催化剂。把握好先后加热的时间,可以有效控制反应的进程,操作方便;圆底烧瓶中进气的导管低,出气的导管高,有利于一氧化氮与氧气在温度较低时充分反应生成二氧化氮,观察到鲜明的实验现象(因为NO_2在$T>150℃$时容易分解成NO和O_2)。

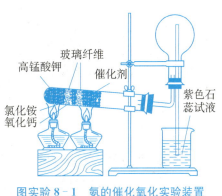

图实验8-1 氨的催化氧化实验装置

五、实验内容

1. 称量

用电子天平称取高锰酸钾8 g、9 g、10 g各1份,每份对应氯化铵1 g,氧化钙3 g,氧化铜3 g,二氧化锰1 g。

2. 反应物的预处理

(1) 将称好的氯化铵和氧化钙放在表面皿中充分混合;

(2) 将称好的二氧化锰和氧化铜放在小烧杯中,加入长度大约0.5 cm的玻璃纤维,用玻璃棒充分混合,以保证试管通气和装管饱满。

3. 仪器安装和药品装入

(1) 先检验装置的气密性。

(2) 按顺序装药品:

① $KMnO_4 \xrightarrow{玻璃纤维} NH_4Cl + CaO \xrightarrow{玻璃纤维} CuO + MnO_2 + 玻璃纤维$。

② 在50 mL的小烧杯中加入20 mL水,滴入5滴紫色石蕊试液。

③ 将装好药品的大试管管口略向下倾斜,固定在铁架台上并连接安装好其他仪器。

4. 加热

先加热 CuO 和 MnO_2 的混合物 5 min,以激活催化剂的性能;再用另一酒精灯加热 $KMnO_4$。当小烧杯中有连续气泡产生时,将前一个酒精灯移到 NH_4Cl 和 CaO 处加热,直到圆底烧瓶中充满红棕色气体、小烧杯中溶液由紫色变为红色为止。

5. 记录

记录实验结果,见表实验 8-1。

表实验 8-1　不同质量比的药品实验现象记录

$KMnO_4$/g	NH_4Cl/g	CaO/g	CuO/g	MnO_2/g	实 验 现 象
8	1	3	3	1	
9	1	3	3	1	
10	1	3	3	1	
最佳演示方案					

分析上述实验结果,得出最适合课堂演示的实验方案。

六、注意事项

(1) 玻璃纤维一定要用镊子取,不能用手拿。
(2) 对 $KMnO_4$ 加热必须连续,不能断断续续。
(3) 装催化剂 CuO 和 MnO_2 时,先装入粉末,再将剩下的玻璃纤维装入,不能过紧,也不能过松。
(4) 加热时一定要注意先后次序。

七、思考题

(1) 为什么有的反应中圆底烧瓶内会出现白烟,请分析白烟的成分。应如何避免？

(2) 为什么加热要分先后，而不是同时加热？

(3) 在催化剂 CuO 中为什么要掺入 MnO_2？

八、参考资料

实验用的催化剂有很多，可以用新制的三氧化二铬等金属氧化物。文献表明，实验方法有多种，例如：

1. 纯氧对氨的氧化

实验装置如图实验 8-2 所示。用塑料袋收集氧气，在长约 15 cm 内径 4 mm 的玻管内疏松地填入 Cr_2O_3 或其他催化剂，连接好实验装置。用酒精灯加热催化剂，轻轻挤压塑料袋，催化剂发红时（大约半分钟），移开酒精灯，继续鼓气，催化剂保持红热，可以看到集气瓶中有红棕色气体。用浓磷酸（或浓硫酸）洗涤反应后的气体，既可防止白雾产生，使红棕色现象明显、稳定，又可提高对氨水浓度的适应范围。浓磷酸（或浓硫酸）在此既为气体的干燥剂，又是未被氧化的氨气的吸收剂。因为吸收了多余的氨，所以氨水浓度大也不影响实验效果，NO_2 的红棕色现象出现得快。

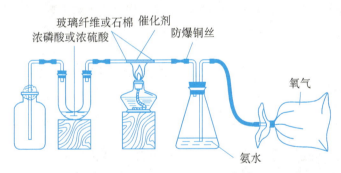

图实验 8-2　纯氧对氨气的氧化

鼓气速度对该实验结果影响不大，只要注意轻轻挤压塑料袋不使催化剂受气流冲击而移位即可。洗气装置最好用内径为 8～10 mm 的玻管弯成 U 形管。浓磷酸（或浓硫酸）的量不宜多，只能与 U 形管上沿相切，否则鼓气时会把浓磷酸（或浓硫酸）压出 U 形管。

注意　为了防止倒吸时将红热的催化剂吸入盛氨水的锥形瓶，引起氨、氧混合气体爆炸,一定要在盛氨水的装置和催化管的连接处放防爆铜丝卷。

2. 空气对氨气的氧化

实验装置如图实验 8-3 所示。取内径 15 mm、长 15 cm 左右的硬质玻管,在其中部约 2 cm 范围装满以煤渣为载体的活性催化剂,或新制 Cr_2O_3、颗粒状的 MnO_2(或 CuO),两侧塞以玻璃纤维或耐火棉。用酒精灯预热催化管后集中加热催化剂 30~40 s,缓慢鼓入空气。待催化剂发红时移开酒精灯,加快鼓气速度,催化剂继续红热,氧化瓶中出现红棕色气体。

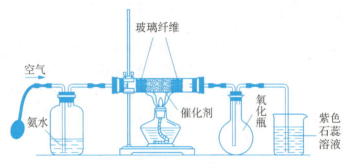

图实验 8-3　空气对氨气的氧化

氨水浓度要适宜,浓了,氧化不完全,会产生白烟;稀了,由于氧化产物少,催化剂红热现象不明显,红棕色的现象不易观察到。氨水浓度要根据室温调节,当氨水浓度和室温接近表实验 8-2 中关系时,可使实验获得满意效果。

表实验 8-2　氨水浓度与室温关系

室温/℃	0	5	10	15	20	25	30
氨水/%	27	24	21	18	15	12	9

鼓入空气的速度要适当,一般是先慢慢鼓气,待催化剂开始红热,移开酒精灯时适当加快。鼓气时用拇指按住洗耳球底部气孔,轻轻挤压洗耳球,移开拇指时用另一只手的拇指和食指捏紧连接洗耳球的乳胶管,以防倒吸。

氨氧化产物导入接收器的时间要控制好。如果在实验前先把导管插入接收器中,则容易出现白烟。当氨的催化氧化放出的热量能维持催化剂发红时,再把导管插入接收器中,导出的混合气体含氨少,一氧化氮较多,效果好。

实验九

铝及其化合物性质演示实验的研究

一、实验目的

(1) 掌握铝及其化合物性质实验的演示技能；
(2) 探索"铝热剂实验"的最佳方案。

二、实验要求

(1) 要求能在较短的时间内完成"铝与氧气、水反应"及"铝、氧化铝与氢氧化铝的两性"的实验演示；
(2) 要求铝热剂实验后能产生较大铁珠；
(3) 要求铝与氧气反应能产生较长的"白毛"。

三、实验用品

(1) 仪器：铁架台、坩埚钳、砂纸、试管及试管夹、酒精灯、台秤、表面皿、角匙、石棉网、离心机、离心管。

(2) 药品：铝箔、铝粉、镁条、氧化铁或四氧化三铁、氯酸钾、氢氧化钠溶液(2 mol/L及6 mol/L)、硝酸汞溶液(0.25 mol/L)、盐酸溶液(2 mol/L)、硫酸溶液(1 mol/L)、氨水(6 mol/L)、硫酸铝溶液(0.5 mol/L)、浓硫酸、浓硝酸、高锰酸钾、甘油、二氧化锰。

(3) 其他：棉栓、剪刀、小塑料瓶、打火机、磁铁、针、胶带。

四、实验内容

铝是银白色的轻金属,熔点 660.37℃,沸点 2 467℃,密度 2.702 g/cm³。铝为面心立方结构,有较好的导电性和导热性;纯铝较软,是活泼金属,在干燥空气中铝的表面立即形成厚约 50Å 的致密氧化膜,使铝不会进一步氧化且耐水;铝的粉末与空气混合极易燃烧;熔融的铝能与水猛烈反应;高温下铝能将许多金属氧化物还原为相应的金属;铝易溶于强碱,也能溶于稀酸,表现出两性。

1. 铝的化学性质

(1) 铝与氧气反应

实验原理: $4Al + 3O_2 \xrightarrow{点燃} 2Al_2O_3$

① 在一只塑料瓶内装少量铝粉,用一刺有多个小孔的铝箔把瓶口包起来,或用纸包些铝粉,刺些小孔也行。点燃酒精灯,把铝粉从小孔中抖撒在酒精灯火焰上,观察铝粉燃烧情况。

② 用氯酸钾、二氧化锰加热分解制取并收集一集气瓶氧气,将一段铝箔用砂纸打磨去掉氧化膜,卷成铝条。在铝条的一端系上一根火柴,另一端系在粗铁丝上。点燃火柴,待火柴将要燃尽又带有火焰时伸入集气瓶(留有少量水)中,观察铝条燃烧的现象。

③ 取一小块铝片,用砂纸打磨去掉其表面的氧化膜,然后用棉栓蘸取少量氯化汞溶液,涂在铝片表面。将此铝片置于空气中(注意避风),用手触摸铝片未涂氯化汞的一面,感觉反应是否放热,并观察"白毛"的生长情况。

铝与汞盐接触后,会置换出 Hg。Hg 与铝片表面的铝形成铝汞齐:

$$2Al + 3Hg(NO_3)_2 = 2Al(NO_3)_3 + 3Hg$$

铝汞齐结构疏松,阻止了氧化铝膜的形成,使内部的金属铝能与空气中的 O_2 继续反应生成氧化铝,形成毛刷或细丝,同时放出热量:

$$4Al + 3O_2 + XH_2O = 2Al_2O_3 \cdot XH_2O$$

(2) 铝与水反应

实验原理: $2Al + 6H_2O = 2Al(OH)_3 \downarrow + 3H_2 \uparrow$

铝是较活泼的金属,能与水发生置换反应放出氢气。但事实上,在通常条件下,铝难与水反应,其原因之一是铝表面有一层致密的氧化膜,二是铝与水反应,均会生成难溶性的氢氧化铝,覆盖在铝的表面,阻止了内部金属与水的接触,使金属钝化,反应便停止了。因此在铝与水反应时,要想使反应顺利进行,关键是要除掉铝表面的氧化膜和氢氧化铝"保护层"。满足了这两个条件,铝与水反应就能顺利进行了。

① 取一小块去掉氧化膜的铝片放入试管中,加水 2~3 mL,若观察不到反应发生的现象,可用酒精灯加热,再观察。

② 取一支试管,装满水倒置于水槽中,用滤纸擦干净前面实验产生"白毛"的铝片(注意手切勿与"白毛"接触),用镊子夹住铝片,伸入水槽,放在试管口下,可以观察到铝和水发生反应。产生的气体使试管内水位下降,可用爆鸣气法检验该气体是否为氢气

(3) 铝与酸反应

实验原理:

$6HCl + 2Al = 2AlCl_3 + 3H_2\uparrow \qquad 3H_2SO_4(稀) + 2Al = Al_2(SO_4)_3 + 3H_2\uparrow$

$6H_2SO_4(浓) + 2Al \xrightarrow{\triangle} Al_2(SO_4)_3 + 3SO_2\uparrow + 6H_2O$

$Al + 6HNO_3(浓) \xrightarrow{\triangle} Al(NO_3)_3 + 3NO_2\uparrow + 3H_2O.$

铝能与酸反应放出氢气,冷的浓硫酸、浓硝酸会使铝的表面迅速产生一层致密的氧化膜,阻止内部金属继续反应。但加热可以除去保护膜,故铝加热的情况下可以与浓硝酸、浓硫酸发生反应。

取 4 支试管,分别加入约 3 mL 浓硫酸、3 mL 浓硝酸、3 mL 2 mol/L 的盐酸、3 mL 2 mol/L 的硫酸,然后将 4 片大小相近的铝片分别放入上述 4 支试管中,观察现象。再将盛浓硫酸和浓硝酸的两支试管加热后,观察现象,解释原因。

(4) 铝与碱反应

实验原理: $2Al + 2NaOH + 2H_2O = 2NaAlO_2 + 3H_2\uparrow$

铝能溶于强碱放出氢气。

将一小块铝片放入试管中,加入约 2 mL 6 mol/L 氢氧化钠溶液,观察现象。

(5) 铝热反应

实验原理: $2Al + Fe_2O_3 \xrightarrow{高温} Al_2O_3 + 2Fe$

铝热法是一种利用铝的还原性获得高熔点金属单质的方法,可简单认为是铝与某些金属氧化物(如 Fe_2O_3、Fe_3O_4、Cr_2O_3、V_2O_5 等)在高温条件下发生的反应。铝热反应常用于冶炼高熔点的金属,是放热反应。在焊接铁轨时,人们常将铝粉与氧化铁的混合物点燃,由于反应放出大量的热,置换出的铁以熔融态流入铁轨的裂缝,冷却后就将铁轨牢牢地黏结在一起。

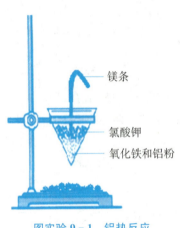

图实验 9-1 铝热反应

① 取两张纸折叠成两个纸漏斗,在一个纸漏斗底部剪一个孔,将另一纸漏斗叠放在这个纸漏斗上面,确保每一部分都有 4 层(两个漏斗可用胶带粘好,不会散开)。称取 5 g 干燥的氧化铁(或四氧化三铁)粉末和 2 g 铝粉置于表面皿中混合均匀,把混合均匀的粉末放在套好的纸漏斗中,在混合物中间用角匙掏一小穴,在小穴中放 4~5 g 氯酸钾,并在氯酸钾中间插一根约 7 cm 长的去掉氧化膜的镁条,架在铁圈上。然后在漏斗下端的铁架台底座上放一石棉网,石棉网上放一些细沙,如图实验 9-1 所示。点燃镁条,在远处观察发生的现象。

镁条在空气中燃烧,放出大量的热,促使氯酸钾分解放出氧气,保证镁条充分燃烧,产生的热量引发氧化铁和铝粉的反应。由于该反应放出大量的热,反应一旦引发,就可剧烈进行,放出的热使生成的铁呈液态。但是,氯酸钾不能用高锰酸钾代替,因为高锰酸钾为强氧化剂,高温时它会和强还原剂镁发生剧烈反应而爆炸。可使用高温打火机、喷火枪或酒精灯点燃镁条。发现镁条逐渐变黑和闪火星时,说明镁条已经吸收了够多的热量,马上要燃烧了,这时要继续加热,并准备撤离。点燃镁条后,要赶快离至适合的距离,实验者必须戴墨镜或防强光的设备观察实验现象,以防止被铝热反应的强光灼伤眼睛。绝对不允许在反应物旁观察反应现象。

反应时,会有 900~1 500℃的高温金属熔融物喷出,这时要隔离周围人员,不得靠近。反应结束后,不可用水浇灭,要等其自然冷却。

② 取两张纸折叠成两个纸漏斗,分别用胶带粘好使其不散开,在一个纸漏斗底部剪一个孔,将另一个纸漏斗套进去,确保叠好的纸漏斗除剪孔处每一部分都有 4 层。称取 5 g 干燥的氧化铁粉末和 2 g 铝粉置于表面皿中混合均匀,把混合均匀的氧化铁粉末和铝粉放在套好的纸漏斗中,架在铁圈上。在铁架台底座上放上石棉网和细沙,在混合物中间用角匙掏一小穴,在小穴中放 4 g 左右的高

锰酸钾固体,再往高锰酸钾上滴加少量(约 1 mL)的甘油,站在远处观看反应现象。该反应的化学方程式为:

$$2C_3H_8O_3 + 14KMnO_4 = 7K_2MnO_4 + 7MnO_2 + 6CO_2 + 8H_2O + 热$$

用 $KMnO_4$ 和甘油反应放出的热来引发反应,操作方便,而且无光污染。

2. 氧化铝的性质

氧化铝又称三氧化二铝,是一种白色无定形粉状物,俗称矾土。不溶于水,但能溶于酸和碱,是典型的两性氧化物。

$$Al_2O_3 + 2NaOH = 2NaAlO_2 + H_2O$$
$$Al_2O_3 + 3H_2SO_4 = Al_2(SO_4)_3 + 3H_2O$$

将铝与氧气反应的产物——"白毛"轻轻刮下,分装于两支试管中,向一支试管中逐滴加入 1 mol/L 的稀硫酸,在另一支中逐滴加入 2 mol/L 的氢氧化钠溶液,振荡试管,观察现象。

3. 氢氧化铝的制备及性质

氢氧化铝为白色粉末状或砂状晶体,难溶于水,是典型的两性氢氧化物,溶于酸生成铝盐,溶于强碱生成偏铝酸盐。在实验室中常常使用铝盐和碱反应生成氢氧化铝。由于氢氧化铝溶于强碱溶液,如果使用强碱制取氢氧化铝,则加入强碱的量不易控制。但氢氧化铝难溶于弱碱溶液,所以通常不使用如氢氧化钠、氢氧化钾等强碱制取,而是使用氨水与铝盐反应:

$$Al^{3+} + 3NH_3 \cdot H_2O = Al(OH)_3 \downarrow + 3NH_4^+$$

生成的 $Al(OH)_3$ 即溶于酸溶液,也可溶于碱溶液:

$$3HCl + Al(OH)_3 = AlCl_3 + 3H_2O$$
$$Al(OH)_3 + NaOH = NaAlO_2 + 2H_2O$$

在一离心试管中加入 3 mL 0.5 mol/L 硫酸铝溶液,再向离心试管内逐滴加入氨水至不再产生沉淀为止。这个过程应搅拌使之充分接触,用离心机分离并洗涤沉淀。将沉淀分成两份或用玻璃棒蘸取少量沉淀至两支试管中,往一支中滴加 2 mol/L 的盐酸,往另一支试管中滴加 2 mol/L 的氢氧化钠溶液,振荡试管,观察现象。

五、注意事项

(1) 氯化汞溶液有剧毒,应避免溅在皮肤上。

(2) 加浓硫酸、浓硝酸时一定要尽量小心。

(3) 铝热反应时不能长时间观察镁条的燃烧现象,以免眼睛受到伤害;应与之保持一定的距离,以免高温的熔融物飞溅出来烫伤。

六、思考题

(1) 为什么氢氧化铝具有两性?

(2) 在铝热反应中除了用镁条做引燃剂,还可以用什么做引燃剂?

(3) 经汞盐处理过的铝与未处理过的铝和水进行反应,哪个反应更快?为什么?

七、参考资料

1. 铝热剂实验的改进

先把镁条打磨后,再将窄的透明胶带粘上许多氯酸钾颗粒,缠绕在镁条上,然后把镁条绕成螺旋状,并用针在胶带上扎许多小孔,使氯酸钾颗粒与空气接触,放入纸漏斗中。再把 5 g 已炒干的三氧化二铁粉末和 2 g 铝粉混合均匀,放在纸漏斗中,用铝热剂埋好镁条,使镁条与铝热剂充分接触并露出一段。埋好后再将少许氯酸钾均匀铺在混合物上,然后用打火机点燃镁条,则可观察到反应迅速发生,发出耀眼的强光,火星四射。纸漏斗的下端被烧穿,并有熔融物落入下面的沙中,待冷却后用磁铁检验,可发现铁珠。

用浓硫酸和蔗糖代替镁条,在氯酸钾里混入一定量的镁粉作为引燃物。实验装置如图实验 9-2 所示。

① 取一张圆形滤纸叠成漏斗状,套在铁漏斗里面,放在三脚架上,下面放置盛有沙子的铁罐。

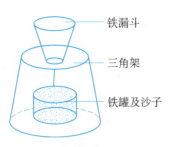

图实验 9-2　铝热剂实验的改进

② 把 5 g 炒干的氧化铁粉末和 2 g 铝粉混合均匀,放在纸漏斗中,用玻棒在中间挖一个小坑。

③ 把少量氯酸钾压成粉末,加入 1/3 镁粉混合均匀,放在小坑里。

④ 在(氯酸钾和镁粉)混合物上,放上少量绵白糖,滴两滴浓硫酸,观察实验现象。

2. Al_2O_3 与酸或者碱反应的改进

由于受晶体结构的影响,实验室中的 Al_2O_3 很难与碱反应。改进方法是,将去氧化膜的铝条放入 $Hg(NO_3)_2$ 溶液中,过一会儿取出置于空气中,很快长出许多"毛刷"状的水合物,用于酸或碱反应效果很好。

3. 铝与 O_2 反应的改进

教材中用薄的铝箔卷成筒状,但是实验往往难以成功。为了增大铝与氧气的接触,应将铝箔一端剪成细条状,或将铝粉卷在棉花里面。

实验十

甲烷的制备和性质演示实验的研究

一、实验目的

(1) 掌握甲烷的实验室制法和性质实验的演示技能；
(2) 探索实验室制取甲烷的最佳实验方案；
(3) 演示烷烃的性质。

二、实验要求

(1) 实验探索，找到反应速率快、产气速度均匀、量多、杂质少的制取甲烷的方法；
(2) 能准确把握制备甲烷实验成败的关键。

三、实验用品

(1) 仪器：大试管、铁架台、水槽、带导管单孔塞、导气管、玻璃棒、角匙、研钵、电子天平、集气瓶、酒精灯、具支试管、离心管、小烧杯。
(2) 药品：无水醋酸钠、碱石灰、酸性高锰酸钾溶液、浓盐酸、二氧化锰、澄清石灰水、氯化钠。
(3) 其他：打火机、铝箔。

四、实验内容

甲烷是无色、无味的气体,难溶于水,比空气轻,是天然气、沼气(坑气)和石油气的主要成分(天然气中按体积计,CH_4 占 $80\%\sim97\%$)。

甲烷化学性质比较稳定。把甲烷气体通入酸性高锰酸钾的紫红色溶液,颜色不会变化。若把甲烷气体通入溴水,溴水不褪色。甲烷是最简单的有机物,可用作燃料。点燃甲烷和氧气(或空气)的混合物,可能发生爆炸,爆炸极限为:在空气中甲烷的体积比达到 $5\%\sim15\%$;在氧气和甲烷的体积比达到 $5.4\%\sim59.2\%$。所以,点燃甲烷前必须检验其纯度。

1. 甲烷的制备

(1) 实验原理

羧酸的钠盐和氢氧化钠混合共热时,发生脱羧作用,—COONa 被 H 原子取代,生成比羧酸钠盐少一个碳原子的烷烃,因此实验室常用无水醋酸钠和碱石灰混合加热制取甲烷,化学反应方程式如下:

$$CH_3COONa + NaOH \xrightarrow{\triangle} Na_2CO_3 + CH_4\uparrow$$

副反应: $$2CH_3COONa \xrightleftharpoons{\triangle} CH_3COCH_3 + Na_2CO_3$$

$$2CH_3COONa \xrightarrow{\triangle} C_2H_4\uparrow + H_2\uparrow + CO\uparrow + Na_2CO_3$$

2. 实验装置

使用"固+固 气"型的气体物质制备发生装置(与制氧气发生装置相同),如图实验 10-1 所示。使用排水法或排饱和食盐水收集甲烷(利用甲烷极难溶于水的性质)。

图实验 10-1 实验室制备甲烷的装置图

3. 实验操作

① 组装好实验装置,并检查气密性。

② 将无水醋酸钠干燥后放在研钵中研碎,装入干燥的试剂瓶中密封待用。
③ 将碱石灰干燥后放在另一研钵中研细,放入干燥的试剂瓶中密封待用。
④ 按表实验 10-1 的实验方案称取各种反应物,在表面皿上混合均匀,快速用纸槽送入铝箔试管(具体见铝箔试管的制作)底部,装上带导管的胶塞,固定在铁架台上。

表实验 10-1 实验方案与现象记录

实验用量	现象(冒泡速率、能否使酸性高锰酸钾褪色)	结论
1 g 无水醋酸钠+3 g 碱石灰		
1 g 无水醋酸钠+0.5 g 碱石灰+0.5 g 氢氧化钠		
1 g 无水醋酸钠+0.5 g 生石灰+0.5 g 氢氧化钠		
1 g 无水醋酸钠+1 g 氢氧化钙		

⑤ 先用酒精灯均匀加热试管,然后在试管的药品处加热,随着反应的进行,火焰逐渐由靠近管口的药品向管底方向移动,并用排水法收集产生的气体。

(1) 无水醋酸钠的制备

醋酸钠的脱羧反应须在无水条件下才能顺利进行,故使用前无水醋酸钠和碱石灰均应经灼烧、烘干处理。可用普通醋酸钠晶体($CH_3COONa \cdot 3H_2O$)加热脱水制成无水醋酸钠。方法是:把醋酸钠晶体放在蒸发皿中加热,并用玻璃棒不断搅拌;不久,醋酸钠先溶解在自己的结晶水中(58℃左右);随着温度的升高,水分逐渐减少,约 120℃时可得到白色固体;继续搅拌加热,固体会熔化变为深灰色液体,并有气泡产生;当不再产生气泡时,表示无水醋酸钠已经制成,应停止加热。在搅拌中冷却,可用玻璃棒拨动固体边缘部分,整块固体就会脱离蒸发皿,趁热在研钵中研碎,放入干燥器内或密封瓶中保存。加热时温度不宜过高,温度太高会使醋酸钠分解。

(2) 铝箔试管的制作

找一支外径与硬质大试管内径大小相当的试管(可将小一点的试管放入大

试管内),将铝箔纸沿小一点的试管外壁卷成 2、3 层筒状,长度 6 cm 左右。封闭底端铝箔,将卷成筒状的铝箔取下,用手轻微卷一下,使其外径小于大硬质试管的内径,就制成一简易的铝箔试管。实验时把制得的铝箔试管装入相应的硬质试管内。

按表实验 10-1 中的要求实验,并把实验现象填入相应的表格中,综合分析,得出最佳实验方案。

4. 改进

(1) 硬质试管的改进

在实验教材上,甲烷气体制备是把混合好的药品直接装入大硬质试管中,然后加热。虽然这种方法能够制得甲烷气体,但实验结束后,硬质试管中的混合物却牢牢黏附在试管壁上,不宜清理和洗刷。学生在洗涤中要么用玻璃棒去捣试管内的混合物,造成试管的破损,要么加酸溶解这些混合物,造成酸液的大量浪费和环境的污染。如果用铝箔试管代替普通硬质试管,可弥补上述不足。

实验发现,改造后的硬质试管不但使药品导热快、受热均匀,反应速度大大加快,而且产气量增多,更重要的是能保护硬质试管,使反应混合物不能黏附在试管壁上。反应结束后取出铝箔,硬质试管完好无损。

(2) 药品组成的改进

有资料表明,通过正交实验法可获得能生成较多量甲烷的合理药品组成,即反应物质量的配比为:3 g 无水醋酸钠、1.5 g 碱石灰、1 g 氢氧化钠、1 g 二氧化锰,一起研细混合均匀,可以得到较理想的实验效果。

本方法增加了二氧化锰做催化剂,并对比了加催化剂和不加催化剂试验对产气的影响,发现二氧化锰做催化剂则该实验产气早,产气量多。催化反应的机理尚在探讨。加入二氧化锰的量和醋酸钠的质量比为 1∶3 为宜,二氧化锰不能过多,因为多了会使反应物体积增大,影响反应速度及产气量。可用的催化剂除二氧化锰外,还可用银、铜、氧化铜、氧化铁以及一些不活泼金属的盐类等,但效果都不如二氧化锰。

(3) 检验性质的改进

检验甲烷气体的燃烧反应,各类教材均采用的是先收集一试管甲烷气体,然后点燃,观察火焰颜色。此法,不但看不到火焰的颜色,而且用试管盛装甲烷气体时,由于暴露在空气中的部分比较多,容易使管口位置的甲烷气体与空气充分接触,燃烧时发生爆炸,不利于现场实验教学。因此可采取安全点燃法做该性质试验。安全点燃是将导气管浸于水槽的水面下,导气管出口的上面倒立一个小漏斗,漏斗管口连有带尖嘴的玻璃管,先使漏斗的空气排净后,再在尖嘴口点燃。这样产生的甲烷气流比较平稳,燃烧时火焰不间断,同时点燃时也比较安全,比较适合学生操作。

5. 甲烷的性质

(1) 可燃性

实验原理: $CH_4 + 2O_2 \xrightarrow{\text{点燃}} CO_2 + 2H_2O$

气体验纯后,在导管口点火,观察纯净的甲烷在空气中燃烧的情况及火焰的颜色。用一冷的干燥烧杯倒扣在火焰上方,观察烧杯的变化,然后用澄清的饱和石灰水将烧杯内壁湿润一下,再将它倒扣在火焰上方,观察烧杯又有什么变化。

(2) 稳定性

将气体通入酸性高锰酸钾溶液中,观察酸性高锰酸钾溶液颜色是否会褪去。

(3) 与氯气的取代反应

实验原理: $CH_4 + Cl_2 \xrightarrow{\text{光}} CH_3Cl + HCl$

$$CH_3Cl + Cl_2 \xrightarrow{\text{光}} CH_2Cl_2 + HCl$$

$$CH_2Cl_2 + Cl_2 \xrightarrow{\text{光}} CHCl_3 + HCl$$

$$CHCl_3 + Cl_2 \xrightarrow{\text{光}} CCl_4 + HCl$$

把一个大试管标记为 5 等分,用排饱和食盐水法先收集 1/5 体积的甲烷,再收集 4/5 体积的氯气,把它固定在铁架台的铁夹上,并让管口浸没在食盐水里。然后让装置受漫射光照射。阳光好,约半小时后可以看到试管内氯气的黄绿色逐渐变淡,管壁上出现油状物。这是甲烷和氯气反应所生成的一氯甲烷、二氯甲烷、三氯甲烷、四氯化碳和少量的乙烷的混合物。试管中气体黄色逐渐变淡,液面上升,这是反应消耗了氯气,生成的氯化氢溶于水的缘故。用大拇指按住试管管口,提出液面,管口向上,向试管中滴入紫色石蕊试液或锌粒,可验证它是稀酸。天气阴暗时需 1~2 h 才能观察到反应的结果。用镁条燃烧产生的强光照射,几分钟内就可成功看到实验结果。

五、注意事项

(1) 药品要干燥无水,操作迅速,防吸潮,装置要严密。

(2) 应先做甲烷的性质实验再点燃甲烷气体,以防止最初产生的甲烷气体混有空气,保证甲烷的纯度。

(3) 制备甲烷时,试管口要略向下倾斜。

(4) 收集完气体后,先撤出水槽中的导气管,防倒吸,再熄火。

六、思考题

(1) 酸性高锰酸钾溶液实验的目的是什么?实验中往往会出现紫色消退,这是什么原因?

(2) 如何除去甲烷制备实验中的副产物丙酮?

(3) 碱石灰中的氧化钙有没有参与反应?起什么作用?

七、参考资料

1. 甲烷与氯气的取代反应

甲烷与氯气在光照下发生取代反应,生成氯代甲烷的混合物。用日光直接照射,较难控制反应的进行。因此,采用高压汞灯或日光灯为光源,实验效果都较好。

(1) 方法一

① 先在两只塑料袋里分别收集好氯气和甲烷,其体积比约为 4∶1,再按图实验 10-2 安装好实验装置。

② 松开活塞,把氯气压进盛有甲烷的塑料袋中,用高压汞灯照射。

③ 大约 1 min 之后,让学生观察塑料袋内壁。很容易发现壁上有油状小液滴出现。再打开活塞,排出废气,使废气对准沾有氨水的小棉球,立即有白色浓烟产生。这说明生成了氯化氢气体。

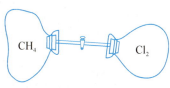

图实验 10-2 方法一实验装置

(2) 方法二

① 在 3 支大试管中,分别装满氯气、甲烷和体积比为 3∶1 的氯气与甲烷混合气体,并分别用带有玻璃导管的胶塞塞紧管口(导气管上的玻璃活塞,应关闭)。

② 在另外 3 支大试管中,分别注入硫酸铜溶液,均占试管容积的 3/4,然后,将试管放在试管架上。

③ 将充满气体的 3 支试管,固定在铁架台上,玻璃导管的下端插入盛硫酸铜溶液的试管中,如图实验 10－3 所示。

④ 在日光照射之下,打开 3 个玻璃活塞,让学生观察。观察发现,两支装有纯净气体的试管内无变化。盛有混合气体的试管内黄绿色逐渐褪去并且液面上升。

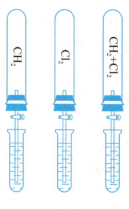

图实验 10－3　方法二实验装置

2. 碳化铝水解法制取甲烷

实验原理：　$Al_4C_3 + 12H_2O \xrightarrow{\triangle} 3CH_4 + 4Al(OH)_3\downarrow$

称取 0.5 g 碳化铝,放入 250 mL 的圆底烧瓶内。圆底烧瓶配置一双孔塞,如图实验 10－4 所示。分别插入盛有 30 mL 5％氢氧化钠溶液、规格为 100 mL 的分液漏斗和导气管。导气管的另一端连接一盛有硫酸铜溶液的洗气装置(可以用抽滤瓶或集气瓶),依次连接导气管并通入水槽。将圆底烧瓶用铁夹固定在铁架台上,隔一石棉网。烧瓶内滴入约 15 mL 5％的氢氧化钠溶液后,用酒精灯加热,使烧瓶内的反应物始终保持微沸,可使反应平缓发生,气体均匀地连续逸出,制取较大量的甲烷。依次收集数试管的甲烷气体供性质实验用,然后再用安全点火法点燃,火焰为淡蓝色。

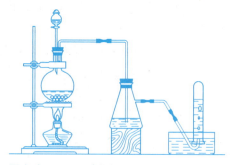

图实验 10－4　碳化铝制取甲烷的实验装置

实验十一
乙醇性质演示实验的研究

一、实验目的

（1）从乙醇的分子结构理解乙醇的性质及其化学反应原理；
（2）掌握乙醇性质实验的演示技巧；
（3）明确有机化学反应中的条件与产物的一般关系。

二、实验要求

（1）能在较短时间内熟练完成各项演示实验；
（2）从金属钠与水、乙醇反应的气体产物，分析得出乙醇的分子结构式及乙醇与金属钠反应的化学方程式；
（3）从乙醇发生化学反应的条件（温度、催化剂等）与对应的产物，理解有机化学反应中条件的重要性。

三、实验用品

（1）仪器：酒精灯、铁架台、小试管、玻璃导管、橡胶塞、打孔器、小量筒、圆底烧杯、温度计、具支试管、烧杯。
（2）药品：金属钠、无水乙醇和95%的乙醇、澄清的石灰水、铜丝、浓硫酸、重铬酸钾、酸性高锰酸钾溶液或溴的四氯化碳溶液、蒸馏水、溴化钠、饱和碳酸钠溶液。

(3) 其他：打火机、医用注射针头、碎瓷片。

四、实验内容

通常状况下，乙醇是无色、有特殊香味的液体，乙醇的密度比水小，20℃时其密度是 0.789 g/cm³，沸点 78.5℃，熔点 −117.3℃。乙醇易挥发，能够溶解多种有机物和无机物，由于醇溶于水时能与水形成氢键，所以乙醇与水可以任意比互溶。

乙醇的化学性质主要由羟基官能团决定，碳氧键(C—O)和氧氢键(O—H)容易断裂，可以与金属钠发生置换反应放出氢气，还可以发生氧化反应、消去反应、取代反应和酯化反应。

1. 乙醇与金属钠的反应

在盛满无水乙醇的试管中，加入一小块新切的、用滤纸擦干表面煤油的金属钠，在试管口迅速塞上配有医用注射针头的单孔塞，用小试管倒扣在针头之上，收集并验纯气体；然后点燃，并把一干燥的小烧杯罩在火焰上方，观察烧杯壁上有什么现象；迅速倒转烧杯，向烧杯中加入少量澄清的石灰水，观察现象，比较金属钠与水反应的实验现象，联系煤油与金属钠不反应是 C—H 键的氢原子不能被钠原子所取代的原因，推论乙醇可能的结构式，并写出乙醇与金属钠反应的化学方程式。

2. 乙醇的氧化反应

(1) 乙醇在空气中燃烧，放出大量的热：

$$CH_3CH_2OH + O_2 \xrightarrow{点燃} 2CO_2 + 3H_2O$$

(2) 乙醇在铜或银做催化剂的条件下，可以被空气中的氧气氧化为乙醛。

向一支试管中加入 3～5 mL 乙醇，取一根 10～15 cm 长的铜丝，下端绕成螺旋状，在酒精灯上灼烧至红热，插入乙醇中，反复几次。观察反应现象，小心闻试管中液体产生的气味，记录现象，写出化学反应方程式。

(3) 乙醇与高锰酸钾酸性溶液或重铬酸钾酸性溶液反应，可以氧化成乙酸。

在试管中加入少量重铬酸钾酸性溶液，然后滴加少量乙醇，充分振荡，观察并记录现象，写出反应的化学方程式。

3. 乙醇的消去反应

乙醇在与浓硫酸共热时可以发生脱水反应生成乙烯或乙醚,实验装置如图实验 11-1 所示。

先在烧杯中加入 5 mL 95% 乙醇,将烧杯放在冰水中冷却,一边搅拌一边分次加入 15 mL 浓硫酸,混合均匀,然后将混合液转移到圆底烧瓶中,放入几片碎瓷片,以避免混合液在受热时暴沸。固定好装置,加热混合液,

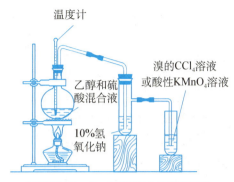

图实验 11-1　乙醇的消去反应实验

使液体温度迅速升到 170 ℃(指定部分实验组使液体温度迅速升到 140 ℃),将生成的气体通入酸性高锰酸钾溶液或溴的四氯化碳溶液中,观察并记录现象(两组不同温度反应的实验现象进行比较),写出不同温度下反应的化学方程式。

乙醇在 Al_2O_3 或石棉绒等催化剂的作用下也可以发生脱水反应。

4. 乙醇的取代反应

乙醇与浓氢溴酸混合加热可以发生取代反应,生成溴乙烷,实验装置如图实验 11-2 所示。

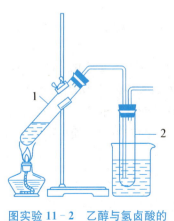

图实验 11-2　乙醇与氢卤酸的反应

在试管 1 中依次加入 2 mL 蒸馏水、4 mL 浓硫酸、2 mL 95% 乙醇和 3 g 溴化钠粉末,在试管 2 中注入蒸馏水,烧杯中加入自来水。加热试管 1 至混合液沸腾,数分钟后撤去酒精灯,冷却,观察并描述实验现象,写出反应方程式。在该反应中加入蒸馏水、浓硫酸和溴化钠固体的目的是为了得到氢溴酸,尾气用氢氧化钠吸收。

醇类不仅可以与氢溴酸反应,还可以与其他氢卤酸反应,生成相应的卤代烃,这是制备卤代烃常用的方法:

$$R-OH + HX \longrightarrow R-X + H_2O$$

5. 乙醇的酯化反应

乙醇可以与乙酸在加热的条件下发生酯化反应,生成乙酸乙酯,实验装置如图实验 11-3 所示。

在左边试管中加入 3 mL 乙醇,然后边振荡试管边慢慢加入 2 mL 乙酸和 2 mL 浓硫酸;连接好装置,用酒精灯小心均匀地加热 3~5 min,将产生的蒸汽经导管通到饱和碳酸钠溶液的液面上,观察和记录现象,写出反应的化学方程式。

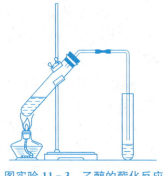

图实验 11-3 乙醇的酯化反应

五、注意事项

(1) 铜丝在火焰上加热至红热被空气中的氧气所氧化:

$$2Cu + O_2 \xrightarrow{\triangle} 2CuO$$

需迅速插入无水乙醇中才可将乙醇氧化成乙醛:

$$CH_3CH_2OH + CuO \xrightarrow{\triangle} CH_3CHO + Cu + H_2O$$

两个反应方程式合并得

$$CH_3CH_2OH + O_2 \xrightarrow[\triangle]{催化剂} CH_3CHO + H_2O$$

铜参加了化学反应,但反应前后其质量和性质没有改变,起催化剂的作用。

(2) 酯化反应是可逆反应,反应物不能完全转变为生成物;反应比较缓慢,为了提高反应速率,一般要加入浓硫酸作催化剂,浓硫酸既有催化的作用也有吸收副产物水的作用,促使平衡向右移动,有利于乙酸乙酯的生成。使用浓硫酸要小心,以免沾到衣服或皮肤上。

(3) 酯化反应的温度不宜过高,否则会增加副产物乙醚的含量。

六、思考题

(1) 乙醇的消去反应实验中为什么要用10%的NaOH溶液洗气?

(2) 乙醇的酯化反应实验,为什么要用饱和碳酸钠溶液而不用氢氧化钠溶液接受产物,为什么右边的导管不直接通入碳酸钠溶液中?

七、参考资料

1. 演示制备乙酸乙酯的另一种方法

在一支试管中加入2 mL乙醇,然后边振荡试管边加入2 mL浓硫酸和1.5 mL冰醋酸,将试管放到酒精灯火焰上加热3~5 min,然后将混合液体沿器壁缓缓倒入盛有冷水的烧杯中,生成的乙酸乙酯会形成一层不溶于水且散发芬芳气味的表层。

2. 制备乙酸乙酯的课外实验探究

(1) 实验装置

实验装置11-4和11-5所示。

图实验11-4 回流装置

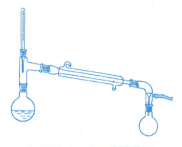

图实验11-5 蒸馏装置

(2) 实验内容及操作

① 在 100 mL 圆底烧瓶中加入 6.7 mL 冰醋酸(7 g，0.1 mol)、8.7 mL 无水乙醇(6.9 g，0.15 mol)，摇动，缓慢加入 4 mL 浓硫酸，加入几粒沸石。安装好回馏装置，检查气密性，回馏装置的球形冷凝管上端安装无水 $CaCl_2$ 的干燥管。

② 通冷凝水，电热套加热，回流 40 min。

③ 稍冷，回流装置改为蒸馏装置，加热蒸馏，将反应液蒸出并收集。

④ 将溜出液转移至分液漏斗，用饱和碳酸钠溶液调至酯层呈中性，分去下层的水相，再依次用 10 mL 饱和食盐水洗涤上层的酯层，再每次用 10 mL 饱和氯化钙洗涤酯层两次。

⑤ 将粗乙酸乙酯转入干燥的锥形瓶用无水硫酸镁干燥。

⑥ 将干燥的粗乙酸乙酯转入圆底烧瓶，加入沸石水浴加热蒸馏，收集73~78℃的馏分，产率可达 78%。

实验十二
代用酸碱指示剂的提取及其变色范围的测定

一、实验目的

(1) 掌握提取植物色素代替酸碱指示剂及测定其变色范围的简易方法；
(2) 学会配制 pH 值 1~14 系列溶液；
(3) 学习将化学知识与生物学知识综合运用于化学问题的解决。

二、实验要求

(1) 每位学生采摘 3 种不同植物的花或茎叶作为实验原料；
(2) 测试各种植物色素在不同 pH 值条件下的显色情况，并记录变色趋势；
(3) 分析实验结果，探索哪些植物色素可用于替代酸碱指示剂。

三、实验用品

(1) 仪器：研钵、试管、离心机、离心试管、胶头滴管、移液管、洗耳球、小量筒、试剂瓶、点滴板。
(2) 试剂：1 mol/L 氢氧化钠、1 mol/L 氨水、1 mol/L 醋酸、1 mol/L 盐酸、蒸馏水、广泛 pH 试纸、乙醇(95%)。
(3) 其他：纱布、花瓣。

四、实验原理

酸碱指示剂是在酸或碱的溶液中能显示一定颜色的试剂。化学实验中常用酚酞、甲基橙作为中和滴定的终点指示,用石蕊试液来判断溶液的酸碱性。自然界中,许多植物的花朵、果实都含有植物性色素,这些色素在酸性或碱性溶液中也会显示不同的颜色,可用来替代酸碱指示剂判断溶液的酸碱性。

植物中的色素通常属于有机弱酸,可用符号 HIn 表示。其在溶液中存在电离平衡:

$$HIn \rightleftharpoons In^- + H^+$$

HIn 与 In^- 有着不同的颜色,HIn 的颜色称酸色,In^- 的颜色称碱色,当往其中加入酸时,$[H^+]$增大,平衡向左移,[HIn]增大,$[In^-]$减小,当满足[HIn]>10$[In^-]$时,就显酸色。同理加入碱时$[H^+]$减少,平衡右移,[HIn]减少,$[In^-]$增大,当满足$[In^-]$>10[HIn]时,就显碱色。

五、实验内容

1. 植物色素的提取

将同一品种的新鲜花瓣、叶片或果皮洗净,晾干,用研钵捣碎,加适量(按制取浓溶液的要求,浸提剂量控制在能完全淹没浆料即可)95%的乙醇,浸泡10 min,用纱布挤出汁液。若汁液浑浊,则将汁液离心分离弃去残渣,取上层清液注入试剂瓶中,贴上标签,待测定变色的 pH 值范围后确定能否作为代用酸碱指示剂。此种浸取液可保存较长的时间,使用时可将浸泡液倒入烧杯中,再加适量蒸馏水稀释。

2. 测试提取的色素在 pH 值为 1~14 的系列溶液中变色的情况

(1) 配制 pH 值为 1~14 的系列溶液

① 用洁净、干燥的小试管 14 支,依次排列在试管架上,贴上从 1~14 的序号标签,然后按表实验 12-1 配置 pH 值为 1~14 的系列溶液。

实验十二　代用酸碱指示剂的提取及其变色范围的测定

表实验 12-1　pH 值为 1~14 系列溶液配置的剂量表

序号	量取所需溶液的体积/mL					pH 值（理论值）
	氢氧化钠溶液（1 mol/L）	氨水溶液（1 mol/L）	醋酸溶液（1 mol/L）	盐酸溶液（1 mol/L）	蒸馏水	
1				2	18	1
2				0.2	19.8	2
3			1.2		18.8	3
4	2.6		17.4			4
5	7.8		12.2			5
6	9.8		10.2			6
7		10	10			7
8		10.2	9.8			8
9		12.2	7.8			9
10		17.4	2.6			10
11		1.2			18.8	11
12	0.2				19.8	12
13	2				18	13
14	20					14

② 用广范围 pH 试纸测定以上各混合溶液的 pH 值,并记录在对应的试管序号标签下,即得配置的 pH 值为 1~14 的系列溶液。

(2) 用已测知 pH 值的系列溶液测试代用指示剂的变色范围

取上述各种 pH 值的溶液各 1 mL,分别注入小试管（12 mm×100 mm）中,按 pH 值从小到大的顺序排列在试管架上,然后取一种代用指示剂依次滴加 1~5 滴于小试管中,每支试管所滴的指示剂滴数相同。观察植物色素在不同 pH 值条件下的显色情况（变色范围）,并将结果记录在表实验 12-2 中。依上述方法依次测试你所采集的各种植物花瓣、叶片或果皮制成的浸取液,将实验结果记入表实验 12-2 中,并分析得出哪些植物的色素适合作为化学反应中的酸碱指示剂。

表实验 12-2　自制酸碱指示剂在 pH 值 1~14 系列溶液中变色情况记录表

植物名称	溶液原颜色	在 pH 值 1~14 系列溶液中的变色趋势														备注
		1	2	3	4	5	6	7	8	9	10	11	12	13	14	

结论：_____。

六、注意事项

（1）采集时，要知道所采植物的名称并做好记录。

（2）采集花卉、茎叶等时，应注意爱护植株及树枝，也可拾取落下的较新鲜的花瓣。

（3）同种植物，由于采集的季节或部位、产地等不同，其色素在同一 pH 值的溶液中显色情况可能会有差异。

（4）测定色素变色范围时，试管的顺序不能搞错，且仪器用后要清洗干净。

七、思考题

（1）提取植物色素时，可否直接压榨花卉、果皮的汁液，而不用酒精浸泡？

（2）能否用广泛 pH 试纸测定提取出的植物色素的变色范围，而不用 pH 值 1~14 系列溶液？

八、参考资料

部分植物色素在酸碱溶液中的变色情况见表实验 12-3。

表实验12-3　部分植物色素在酸碱溶液中的变色情况

名称	原溶液	酸溶液中	碱溶液中	备注
牵牛花	紫色	红色	蓝色	
杨梅	红色	红色	蓝色	
红萝卜皮	紫色	红色	绿或黄	弱碱绿，强碱黄
美人蕉花	红色	红色	草绿色	
芙蓉花	玫瑰红	红色	黄绿色	
丝瓜花	黄色	土红色	深黄	
茄子皮	黄色	粉红	红色	
梨树叶	土色	暗红	黄绿	
石榴花	浅红	浅黄	橙色	
月季花	黄色	黄色	红色	
白菜叶	绿色	黄色	黄绿色	
南瓜花	黄色	无色	黄色	
油菜花	黄色	白色	浅绿	
茶树花	白色	黄色	殷红	
水浮莲花	紫色	红色	绿色	
紫苏叶	紫色	红色	绿→茶色	

实验十三
饮用水的净化实验研究

一、实验目的

(1) 掌握净化水的基本原理和方法;
(2) 培养学生运用化学知识解决水净化问题的能力;
(3) 学习对生活中的具体情况和要求设计实验方案。

二、实验要求

(1) 能根据天然水中常见的杂质成分和饮用水的标准,设计合理的净化方案和操作流程;
(2) 实验过程应简便、可行;
(3) 净化后的水 pH ≈ 7,无异味,在钙试剂、镁试剂测试下无沉淀。

三、实验用品

(1) 仪器:烧杯、试管、漏斗、滴管、玻璃棒。
(2) 药品:明矾、氨水(6 mol/L)、饱和碳酸钠溶液、1 mol/L 盐酸、5% 双氧水、生石灰、活性炭。
(3) 其他:滤纸、广泛 pH 试纸、天然水。

四、天然水中常见的杂质

纯水(H_2O)是无色、无臭、无味的液体,其冰点为 0℃,沸点为 100℃,密度(4℃)为 1 g/cm³。天然水体(河流、湖泊、水库等)中的水并不是理论上的纯水,而是溶有各种杂质的水溶液。有害杂质进入水体后,其浓度超过水体本身的自净能力时,就会使水质变坏,不能饮用。

天然水中的杂质主要来源于所接触的大气、土壤等自然环境。人类活动产生的各种污染物也会进入天然水体。各种杂质的颗粒大小,会呈现一定的外观特征,详细情况见表实验 13 - 1。

表实验 13 - 1 天然水中杂质的颗粒大小与外观特征

溶解物	离子、分子	胶体颗粒	悬浮物
颗粒大小	0.1～1.0 nm	1.0～100 nm	100～10 000 nm
外观特征	透明	光照下浑浊	看上去浑浊

1. 离子或分子状态的杂质

天然水中含有的离子杂质主要是 Ca^{2+}、Mg^{2+}、Na^+、Cl^- 离子及 HCO_3^-、SO_4^{2-} 等酸根离子,分子杂质主要是 O_2、CO_2、H_2S、SO_2、NH_3 等气体溶解的分子。这类杂质主要影响水的硬度、口味和气味。

2. 胶体颗粒杂质

天然水中的胶体颗粒主要是硅、铝、铁的氯化物的水合物,矿物胶体杂质以及腐殖质等有机高分子化合物。这类杂质会影响水的透明度。

3. 悬浮物杂质

天然水中的悬浮物主要是指悬在水中的细菌、病菌、藻类、原生动物、泥沙和黏土等。这类杂质会使水产生异臭味,增加水的色度、浊度,饮用后会导致各种疾病。

总之,从化学结构考虑,可将上述杂质分为无机物、有机物和生物 3 大类。

五、生活饮用水的水质标准

水质标准是用水对象(包括饮用和工业用水对象等)所要求的各项水质参数应达到的限值,可分为国际标准、国家标准、地区标准、行业标准和企业标准等不同等级。

生活饮用水水质标准的制定主要是根据人们终生用水的安全来考虑的,水中不得含有病原微生物;水中所含化学物质及放射性物质不得危害人体健康;水的感官性状良好。

1. 微生物学指标

饮用水不应含有致病微生物和其他生物;应呈透明状,不浑浊,无肉眼可见物,无异味异臭及令人不愉快的颜色等。化学指标也与感官性状有关,包括总硬度、铁、锰、铜、锌、挥发酚类、阴离子合成洗涤剂、硫酸盐、氯化物和总溶解性固体等。应从影响水的外观、色、臭和味的角度,规定这些物质的最高容许限值。

2. 毒理学指标

饮用水中的有毒化学物质污染,带给人们的健康危害不同于微生物污染。一般而言,微生物污染可造成传染病的暴发,而化学污染物引起的健康问题往往是由于与之长期接触所致的有害作用,特别是蓄积性毒物和致癌物的危害更是如此。

3. 放射性指标

人类某些实践活动可能使环境中的天然辐射强度有所提高,特别是随着核能的发展和同位素技术的应用,很可能产生放射性物质对水环境的污染。因此有必要对饮用水中的放射性指标进行常规监测和评价。

除了用水安全这一主要因素外,制定生活饮用水水质标准时也要考虑现实的社会经济发展水平。我国的生活饮用水的水质标准见表实验 13-2。

表 13－2　生活饮用水水质常规检验项目及限值

指标类型	项目	限值
感官性能与一般化学指标	色	色度不超过 15°，并不得呈现其他异色
	浑浊度	不超过 1°(NTU)，特殊情况下不超过 5°
	臭和味	不得有异臭、异味
	肉眼可见物	不得含有
	pH	6.5～8.5
	总硬度(以 $CaCO_3$ 计)	450 mg/L
	铝	0.2 mg/L
	铁	0.3 mg/L
	锰	0.1 mg/L
	铜	1.0 mg/L
	锌	1.0 mg/L
	挥发酚类(以苯酚计)	0.002 mg/L
其他化学指标	阴离子合成洗涤剂	0.3 mg/L
	硫酸盐	250 mg/L
	氯化物	250 mg/L
	溶解性总固体	1 000 mg/L
	耗氧量(以 O_2 计)	3 mg/L，特殊情况下不超过 5 mg/L
毒理学指标	砷	0.05 mg/L
	镉	0.005 mg/L
	铬(六价)	0.05 mg/L
	氰化物	0.05 mg/L
	氟化物	1.0 mg/L
	铅	0.01 mg/L
	汞	0.001 mg/L
	硝酸盐(以 N 计)	20 mg/L
	硒	0.01 mg/L
	四氯化碳	0.002 mg/L
	氯仿	0.06 mg/L

续 表

指标类型	项 目	限 值
细菌学指标	细菌总数	100 CFU/ml
	总大肠菌群	每 100 mL 水样中不得检出
	粪大肠菌群	每 100 mL 水样中不得检出
放射性指标	总 α 放射性	0.5 Bq/L
	总 β 放射性	1 Bq/L

表中 NTU 为散射浊度单位；特殊情况包括水源限制等情况；CFU 为菌落形成单位；放射性指标规定数值不是限值，而是参考水平。放射性指标超过表中所规定的数值时，必须进行核素分析和评价，以决定能否饮用。

六、实验原理

根据感观性指标、化学指标和细菌学指标对水质的要求，一般生活饮用水必须无色、透明，不得含有肉眼可见的悬浮物，无味、无臭；pH 值在 6.5～8.5 之间，以 $CaCO_3$ 计总硬度不超过 450 mg/L，重金属离子和其他化学杂质在表实验 13-2 规定的范围内；细菌总数不超过 100 个/mL，大肠杆菌不超过 3 个/L。所以，本实验对天然水净化的方法主要流程是：先除去颗粒较大的悬浮物质，再软化，然后消除重金属离子，最后杀菌消毒。

1. 悬浮物及胶体杂质的清除

悬浮物的清除可以采用沉降法和絮凝法，然后过滤除去颗粒状杂质。
（1）沉降法
静置，借助重力使较大颗粒的悬浮物沉降而清除。这种方法可以清除原水中的泥砂、尘土、胶体等悬浮状的杂质。
（2）絮凝法
单靠沉降无法快速分离除净胶体颗粒的杂质，需要加入适当的絮凝剂。在絮凝剂的吸附作用下，使细小颗粒的黏土、胶体等聚集起来，形成絮状体，然后在重力的作用下发生共沉降，再澄清或过滤而清除。
常用的絮凝剂主要是易于水解的无机盐如硫酸铝 $Al_2(SO_4)_3 \cdot 18H_2O$、氯化

铝 $AlCl_3$、铝钾矾 $Al_2(SO_4)_3 \cdot K_2SO_4 \cdot 24H_2O$、铝铵矾 $Al_2(SO_4)_3 \cdot (NH_3)_2SO_4 \cdot 24H_2O$ 和绿矾 $FeSO_4 \cdot 7H_2O$ 等。絮凝剂溶于水先电离,产生的金属离子发生水解,水解的产物具有吸附作用,能够携带黏土、悬浮颗粒等形成聚集体而共同沉淀。

无论沉降法还是过滤法都需要流过由细砂和活性炭等组成的过滤池,过滤去除沉降下来的固体。

2. 硬水的软化

溶有较多 Ca^{2+}、Mg^{2+} 的水称为硬水,硬水可经过化学技术处理降低硬度或转变成软水,这个过程称为硬水的软化。软化水的方法主要有加热煮沸法和石灰纯碱法。

石灰苏打法是在原水中先加入石灰,后加入苏打(Na_2CO_3),先除去原水中碳酸氢盐,再除去过量的 Ca^{2+}。当 pH 值升高到大约 10 左右时,使钙镁离子转化为碳酸盐沉淀而降低水中 Ca^{2+}、Mg^{2+} 的浓度:

$$Ca(HCO_3)_2 + Ca(OH)_2 = 2CaCO_3 \downarrow + 2H_2O$$
$$Mg(HCO_3)_2 + 2Ca(OH)_2 = Mg(OH)_2 \downarrow + 2CaCO_3 \downarrow + 2H_2O$$
$$Ca(HCO_3)_2 + Na_2CO_3 = CaCO_3 \downarrow + 2NaHCO_3$$
$$Mg(HCO_3)_2 + Na_2CO_3 = MgCO_3 \downarrow + 2NaHCO_3$$

石灰苏打法不仅能使硬水软化,还可以让其他重金属离子形成氢氧化物或碳酸盐沉淀而除去。

3. 调控 pH 值和杀菌

硬水软化后 pH 值较高,应用适量的稀 HCl 调控 pH 值到 7 左右,同时还可以除去过量的 CO_3^{2-} 离子。

本次实验采用 5% 的 H_2O_2 杀菌。

七、实验步骤

(1) 取天然原水 100 mL,加明矾 0.2 g,充分搅拌,静置沉析。

(2) 往加有明矾的水中滴加 6 mol/L 氨水至溶液 pH≈5,使过量的 Al^{3+} 变成 $Al(OH)_3$ 沉淀,过滤。

(3) 在滤液中加 CaO 粉末至 pH ≈ 10，充分搅拌使所含金属离子沉淀，过滤。

(4) 在滤液中加入碳酸钠饱和溶液，至无沉淀生成为止，充分搅拌使钙离子充分沉淀，过滤。

(5) 向上述滤液中滴加 1 mol/L 盐酸至无气体产生为止，除去碳酸根或碳酸氢根，且调节 pH ≈ 7，再向水中加 2 滴 5‰ H_2O_2 溶液杀菌。

(6) 若经过以上处理的水还有异味或有色，可往净化后的水中加入少量活性炭，煮沸 1~2 min 脱色、除异味，静置冷却后过滤即可。

(7) 交 20 mL 净化好的水进行 pH 值测试，Ca^{2+}、Mg^{2+} 离子（钙试剂、镁试剂测试），颜色、气味、浊度（分光光度计测试）等检验。

八、注意事项

(1) 在滴加盐酸除过量的碳酸根时，应慢慢加入。

(2) 用活性炭煮沸脱色时应不时用玻璃棒充分搅拌。

九、思考题

(1) 用明矾净化水的原理是什么？

(2) 加氨水时为什么要控制溶液 pH ≈ 5？

(3) 为什么加饱和石灰水时控制 pH ≈ 10？根据计算回答。

十、参考资料

(1) 实验室用水可用离子交换法进行水的净化。

(2) 水的消毒可用氯水、碘酒、漂白液（粉）或直接加热。

(3) 可采用天然硅藻土制备的微孔陶瓷膜滤芯净化水。

实验结果显示，微孔陶瓷膜滤芯可有效去除水中的颗粒及微生物，除浊、除菌效果很好。经滤芯处理的水，净水浊度小于 1.0 NTU，除菌率达 100%，净水中细菌总数及总大肠菌群完全符合标准规定。陶瓷膜滤芯的机械强度好，清洗方便，清洗后，滤芯的流量可恢复，适用于野外天然水的净化。

实验十四

氯气的制取及其性质实验微型化的研究

一、实验目的

(1) 掌握"制取氯气及其性质实验微型化"的设计和演示技巧;
(2) 探索氯水"光解"实验的最佳方案;
(3) 培养学生的绿色化学意识。

二、实验要求

(1) 能控制氯气的制取量;
(2) 在氯气性质实验的过程中防止氯气外逸而污染环境;
(3) 用微型化的实验方法演示并解说实验现象及其原理。

三、实验用品

(1) 仪器:注射器(50 mL)、橡胶塞、乳胶管、带球泡的两头通试管、具支试管、止水夹、集气瓶、镊子、酒精灯、小烧杯、大试管、铁架台、长颈漏斗、分液漏斗。

(2) 药品:高锰酸钾、浓盐酸、10%氢氧化钠溶液、金属钠、锌粒、硫酸溶液(3 mol/L)、酚酞试液。

(3) 其他:细铁丝、铜丝、品红试纸、棉花。

四、实验内容

氯气在通常状况下呈黄绿色,是一种有强烈刺激性气味的有毒气体,易溶于水,比空气重,在低温和加压的条件下可转变为液态和固态。在演示实验中,为了防止氯气逸出污染环境,应尽量采用封闭的实验装置。

氯气是很活泼的非金属单质,具有很强的氧化性,大多数金属可以在氯气中燃烧而化合成金属氯化物,氢气也可以在氯气中燃烧,氯气溶于水时能与水发生反应生成次氯酸而具有杀菌消毒及漂白的作用。

1. 金属钠和金属铜在氯气中燃烧

(1) 实验原理

$$2KMnO_4 + 16HCl = 2KCl + 2MnCl_2 + 8H_2O + 5Cl_2 \uparrow$$

$$2Na + Cl_2 \xrightarrow{\text{点燃}} 2NaCl$$

$$Cu + Cl_2 \xrightarrow{\text{加热}} CuCl_2$$

(2) 制取氯气

取一支 50 mL 的注射器,拔出活塞,加入 1 g $KMnO_4$ 固体后装上活塞,缓慢推动活塞排除注射器内的空气(注意不要喷出药品)。用此注射器吸入少量浓盐酸后,针头插在橡皮塞中封住,橡皮塞一端在上,活塞一端在下,可以看到高锰酸钾固体表面有黄绿色气体产生。活塞自动往下推出。重复操作,每次只吸入少量的浓盐酸,直至产生大约 50 mL 的氯气为止。

(3) 钠和铜丝在氯气中燃烧

取两小块石棉绒,放到两头通的玻璃试管的两个球泡中,在石棉绒上各放入米粒大的金属钠和一小团铜丝,如图实验 14-1 所示组装好固定在铁架台上。将已制得 50 mL 氯气的注射器插入试管左边的橡皮塞,注入氯气至试管内充满,再关闭止水夹。可以看到金属钠自动燃烧发出黄色火焰,产生白烟。再打开止水夹,用酒精灯加热铜丝至红热时,继续注入氯气,片刻后可以看到铜丝燃烧,产生棕色的烟。待试管冷却至室温时,外拉注射器活塞吸入少量水至试管的球泡中,可以看到棕色的固体颗粒溶于水形成蓝色溶液。记录现象,比较钠与铜的金属活泼性并说明氯气氧化性的强弱。

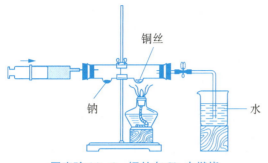

图实验 14－1　铜丝在 Cl_2 中燃烧

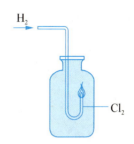

图实验 14－2　氢气在氯气中燃烧

2. 纯净的氢气在氯气中燃烧

（1）实验原理

$$H_2 + Cl_2 \xrightarrow{\text{点燃}} 2HCl \text{ 或 } H_2 + Cl_2 \xrightarrow{\text{光}} 2HCl$$

（2）实验操作

在一 250 mL 的集气瓶中放入 0.5 g 高锰酸钾，缓慢滴入浓盐酸，用磨口玻片盖住，稍做振荡，让其充分反应产生氯气；用简易装置制取氢气，经验纯后点燃，然后将其缓缓伸入到充满氯气的集气瓶中，如图实验 14－2 所示，观察和记录现象。

3. 氯水及次氯酸钠溶液的漂白实验

（1）实验原理

$$Cl_2 + H_2O \rightleftharpoons HCl + HClO$$
$$Cl_2 + 2NaOH = NaCl + NaClO + H_2O$$

（2）实验装置

如图实验 14－3 所示，取细铁丝一小段，一头弯成小勾，挂一小团脱脂棉，在脱脂棉上滴 3 滴 NaOH 浓度大约为 10％的酚酞溶液，另一头插进橡胶塞。烧杯中氢氧化钠溶液的浓度大约 10％。

（3）实验操作

先检查装置的气密性，然后称取 0.5 g 高锰酸钾放入具支试管中，固定在铁架台上；从注射器中缓慢滴入浓盐酸至系列反应发生为止。观察记录现象，说明

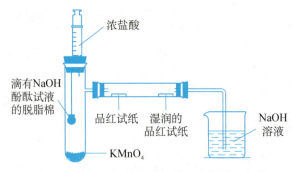

图实验 14-3　氯水和次氯酸溶液的漂白实验

棉花、湿润的品红试纸红色褪去及干燥的品红试纸颜色不变的原因。

4. 氯水光解实验

（1）实验原理

$$2HClO \xrightarrow{光照} 2HCl + O_2 \uparrow$$

① 光的波长对氯水分解实验的影响

Cl_2 的水溶液叫氯水，新配置的氯水呈黄绿色，有刺激性气味。通常状态下 1 体积水大约溶解 2 体积的氯气达到饱和，其中约有 33% 的氯气与水反应生成 HCl 和 HClO，其他仍以 Cl_2 形式存在于溶液中。

氯水中的化学反应为 $Cl_2 + H_2O \rightleftharpoons HCl + HClO$，产物次氯酸不稳定，容易分解放出氧气，当氯水受到光照时，次氯酸的分解速率加快，可见光对这个反应具有催化作用。

在光化学中，人们主要关注波长在 100～1 000 nm 范围的光，其中 150～400 nm 范围的光为紫外光，400～750 nm 范围的光为可见光，系统吸收了光子的能量而引发的化学反应称为光化学反应。

资料表明，氯水解离所需的能量约为 313.6 kJ/mol，而不同波长的光子能量见表实验 14-1 所示。

表实验 14-1　不同波长光的能量

波长/nm	光子能量/(kJ/Einstein)	波长/nm	光子能量/(kJ/Einstein)
200	598.2	250	478.6
300	398.8	350	341.8

续　表

波长/nm	光子能量/(kJ/Einstein)	波长/nm	光子能量/(kJ/Einstein)
400	289.1	450	265.9
500	239.3	550	217.5
600	199.4	650	184.1
700	170.9	1 000	119.4

能满足氯水分解所需能量的光的波长大约在350～400 nm波段范围内，属于紫外光波，可见，要提高氯水的分解速度，应使用紫外光催化。查阅资料可知，太阳光到达地表的紫外光波长在290～400 nm之间，能够满足氯水分解的能量要求。所以，本实验可采用太阳光照射，也可使用波长在300～350 nm的紫外灯照射。

② 氯水的浓度对本实验的影响

根据朗伯-比耳定律，在光化学反应中反应物对光的吸收率与其浓度成正比，所以，要使氯水迅速光解，应采用饱和氯水。

（2）实验装置

由于氯水有氧化性，为了方便实验时氯水的添加和对产物氧气的检验，避免手与氯水的接触，实验装置可设计如实验图14-4所示。

此装置从侧面的长颈漏斗添加氯水，通过分液漏斗的开关和控制长颈漏斗的高低，可以恰到好处地装满氯水，既避免了空气的进入，又不会洒出氯水，减少了污染环境的可能性，手也不会直接与氯水接触，还可以方便地检验产物氧气。

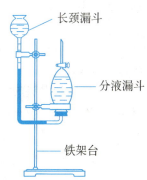

图实验14-4　氯水光解的实验装置

（3）实验操作

首先用图实验14-3左边的装置制取氯气，用导气管通入装有100 mL水的密闭集气瓶中（尾气用玻璃管导出到氢氧化钠溶液中吸收），制得黄绿色、饱和的氯水溶液。打开分液漏斗（60 mL）的活塞，从长颈漏斗加入氯水，调节长颈漏斗的高低，使分液漏斗中氯水的液面正好到达活塞处，关上活塞。放到太阳光中照射30 min（长颈漏斗处用黑布遮住），分液漏斗中有气体产生，用带火星的小木条放到分液漏斗的上面管口，打开活塞，观察和记录现象，说明该现象的原因。

五、注意事项

(1) 制氯气的装置不能漏气,多余的氯气要用氢氧化钠溶液吸收。

(2) 钠在氯气中燃烧前,表面的煤油要吸干,否则燃烧时会产生大量黑烟,影响正常现象的观察。

(3) 铜丝与氯气反应时氯气要浓,铜丝要细,铜丝一定要先加热到发红再注入氯气。

(4) 向高锰酸钾加入浓盐酸时一定要逐滴加入,不能太快,更不能加热,否则反应过于剧烈,容易引起爆炸。

(5) 点燃氢气前一定要先验纯。

(6) 制备的氯水必须饱和。

六、思考题

(1) 钠和铜丝在氯气中燃烧的实验,如果没有带球泡的两头通试管,可以用什么仪器代替?

(2) 氯水和次氯酸溶液的漂白实验中,氯气是先通过干燥的品红试纸还是湿润的品红试纸,为什么?

七、参考资料

(1) 制取氯气除了常用浓盐酸与二氧化锰反应外,还可以用重铬酸钾与浓盐酸反应、氯酸钾与浓盐酸反应和漂白粉与浓盐酸反应,反应方程式分别为:

$$K_2Cr_2O_7(固) + 14HCl(浓) \xrightarrow{加热} 2KCl + 2CrCl_3 + 3Cl_2\uparrow + 7H_2O$$

$$KClO_3(固) + 6HCl(浓) \xrightarrow{水浴加热} KCl + 3Cl_2\uparrow + H_2O$$

$$Ca(ClO)_2(固) + 4HCl(浓) == CaCl_2 + 2Cl_2\uparrow + 2H_2O$$

(2) 氯气与 NaBr 溶液、KI 溶液反应。用 5 mL 的注射器吸满氯气,然后抽取几滴 NaBr 溶液,振荡,注射器内壁会出现橙红色的溴单质,几秒钟后,溴单质挥发,橙红色的溴蒸气充满整个针筒;再抽取几滴 KI 溶液,振荡,使其充分反应,橙红色的溴蒸气消失,针筒内壁出现紫黑色固体,再抽取少量淀粉溶液则会变蓝色。该实验可使学生理解 Cl_2、Br_2、I_2 单质氧化性强弱顺序及特征。

实验十五
测定"阿伏伽德罗常数"实验的研究

一、实验目的

（1）了解单分子膜法测定阿伏伽德罗常数的原理；
（2）掌握用单分子膜测定阿伏伽德罗常数的操作方法；
（3）探讨影响阿伏伽德罗常数测定准确性的因素和减少误差的措施。

二、实验要求

（1）较准确地测出阿伏伽德罗常数；
（2）采用变量控制法，探究不同的实验条件对阿伏伽德罗常数测定结果的影响。

三、实验用品

（1）仪器：胶头滴管、量筒（10 mL）、圆形水槽（直径 30 cm）、喷灯、锉刀、玻璃管、分析天平、容量瓶、移液管、烧杯、内卡规、直尺。
（2）药品：硬脂酸、苯。

四、实验原理

将硬脂酸（$CH_3(CH_2)_{16}COOH$）和苯的混合溶液逐滴滴到水面上，苯挥发后,硬脂酸就留在水面上。由于硬脂酸分子中的羧基是亲水基,而长链的烷基是疏水基,因而羧基的一头进入水里面,烷基则伸出水面。当硬脂酸分子扩散到铺满水面时,硬脂酸分子便相互靠拢,且分子都竖立起来形成一个单分子膜。

五、实验内容

1. 自制两根口径不同的胶头滴管

取大约 30 cm 长的玻璃管,两手朝上各拿住玻璃管的两端,将其中间部分放在酒精喷灯火焰上较大范围预热,然后边旋转玻璃管边将中间对准火焰加热。待玻璃管软化后,两手保持水平,边旋转边向两头拉动,直到滴管所需的粗细即可,冷却后中间用锉刀小心截开;两头的管口在喷灯火焰上烧至红热后,用金属锉刀柄斜放管口迅速而均匀旋转一圈扩口,冷却后,装上乳胶头即得两支滴管。

2. 测定胶头滴管滴出的每滴硬脂酸苯溶液的平均体积

用胶头滴管吸取硬脂酸苯溶液,将其滴入小量筒至 1 mL(要求准确,可先用洁净干燥的吸量管移取 1 mL 硬脂酸苯溶液至洁净干燥的小量筒中校准),记下滴入硬脂酸苯溶液的滴数,然后计算出滴管每滴硬脂酸苯溶液的平均体积 V_1。

3. 测定水槽中水的表面积

用内卡规从 3 个不同的方位测量出水槽的内径,取其平均值,计算出水槽该内径的表面积 S,然后在水槽上做记号。以后每次实验盛水至记号处。

4. 硬脂酸苯溶液的制备

用洗净且干燥的小烧杯准确称取 20~40 mg 之间的硬脂酸,用少量苯溶解,注入 100 mL 的容量瓶中。再用苯冲洗烧杯数次,每次都将洗液倒入容量瓶中,再往容量瓶中加苯定容到刻度线后摇匀。

5. 硬脂酸单分子膜的形成

用胶头滴管吸取硬脂酸的苯溶液,在距水面约 5 cm 处,垂直往水面逐滴滴入,直至硬脂酸苯溶液不再扩散为止,记下所滴入的硬脂酸苯溶液的滴数 d。把水槽中的水倒掉,先用洗衣粉洗涤,然后用清水洗净水槽,再注入水重复上述操作两次,取 3 次的平均值,按以下方式计算。

六、数据处理

(1) 如果称取硬脂酸的质量是 m 克,配成硬脂酸苯溶液的体积为 $V(\text{mL})$,那么,每毫升硬脂酸的苯溶液中硬脂酸的质量为 m/V。

(2) 测得每滴硬脂酸苯溶液的体积是 V_1,滴数为 $d-1$,因此形成单分子膜需要硬脂酸的质量为

$$V_1(d-1)m/V = [V_1 m(d-1)]/V。$$

(3) 水槽中水的表面积是 S,已知每个硬脂酸分子的截面积 $A = 2.2 \times 10^{-15}\ \text{cm}^2$,在水面形成的硬脂酸单分子膜的分子数为 S/A。

(4) 根据以上推理,可计算出每个硬脂酸分子的质量(g)为

$$[V_1 m(d-1)/V]/(S/A) = [AV_1 m(d-1)]/SV。$$

(5) 1 mol 硬脂酸的质量是 284 g ($M_{\text{硬脂酸}} = 284\ \text{g/mol}$),所以,1 mol 硬脂酸的分子个数,即阿伏伽德罗常数 N_A 为

$$N_A = M/[AV_1 m(d-1)/SV] = MSV/[AV_1 m(d-1)]。$$

七、注意事项

(1) 胶头滴管吸取硬脂酸苯溶液后,外壁有溶液,应用滤纸吸去。

(2) 向水面滴入硬脂酸苯溶液时,速度要掌握好,不能太快,也不能太慢,应待滴下的溶液中苯全部挥发,硬脂酸全部扩散看不到油珠时再滴下一滴。若滴入太快,硬脂酸还没完全扩散,将影响对终点的判断;若滴入太慢,会因溶剂苯在滴管口挥发而改变硬脂酸溶液的浓度。二者都会导致测定结果的误差偏大。

(3) 吸取溶液时胶头滴管要与液面垂直,滴出溶液时胶头滴管应略倾斜;滴出溶液时手指挤压胶头用力要均匀,使滴出的液滴大小均匀一致;滴管口应尽量避免吸入空气。

(4) 由于苯容易挥发,因此盛放硬脂酸苯溶液的容器使用后要及时盖好,以免溶液的浓度改变而影响测定结果的准确性。

(5) 实验中用到有毒的苯,所以需注意通风。

八、思考题

(1) 实验中滴下的硬脂酸苯溶液的滴数是 d,为什么计算时要用 $(d-1)$?

(2) 影响本实验结果准确性的主要因素有哪些,应如何避免?

九、参考资料

(1) 为了减少实验误差,苯中含有的少量水分应除去,其方法是(以 300 mL 苯为例):向苯中加入 5 g 无水氯化钙,充分振荡后过滤即可。

(2) 硬脂酸溶液的浓度通常在 0.200~0.4 g/L 之间为宜。

实验十六

检测海带和碘盐中碘实验的研究

一、实验目的

(1) 了解定性和定量检测海带和碘盐中碘的实验原理；

(2) 掌握定性和定量检测海带和碘盐中碘的实验方法；

(3) 学习将化学知识与技能运用于解决生活问题。

二、实验要求

(1) 配制氧化亚锡溶液时，浓度不宜太低，应用盐酸酸化；

(2) 用氧化亚锡溶液滴定 IO_3^- 快达终点时，每滴一滴氧化亚锡溶液都要摇匀，仔细观察溶液颜色的变化，避免产生较大误差。

三、实验用品

(1) 仪器：16 mm×160 mm 试管 5 支、坩埚 1 个、漏斗 1 个、125 mL 容量瓶 1 个、25 mL 移液管 1 支、250 mL 锥形瓶 1 个、25 mL 酸式滴定管 1 支、酒精灯 1 盏、200 mL 烧杯 2 个。

(2) 药品：饱和氯水、1% 淀粉溶液、稀盐酸、10% KI 溶液、$FeSO_4$ 溶液 (1.0 mol/L)、$SnCl_2$ 溶液(1.0 mol/L)、海带、食用碘盐。

(3) 其他：滤纸。

四、实验原理

碘是人体必需的微量元素之一,是甲状腺激素的重要成分。甲状腺是人体最大的内分泌腺,对碘有高度的亲和力。碘在甲状腺内经过生物氧化后生成甲状腺激素,促进人体新陈代谢过程,保持机体正常生长发育。人体缺碘会引发一系列的疾病,合理食用海带等海产品或碘盐,可以满足人体对碘的需要。

1. 检测海带中碘的化学原理

海带是生长在海里的一种藻类,富含碘元素,每 100 g 海带中含碘 0.13~0.63 g。海带中的碘通常与有机基团相连,所以可用 RI 表示。将海带捣碎用水浸泡或将干燥的海带灼烧后碾碎并充分溶于水,溶出液中都含有碘离子 I^-,可对其进行定性和定量检测。其化学反应方程式如下:

$$RI(在水中) \longrightarrow R^+ + I^-$$

$$RI + O_2 \xrightarrow{点燃} (K、Na)I + CO_2 \uparrow + H_2O$$

(1) $2I^- + Cl_2 == I_2 + Cl^-$

(2) $2I^- + 6Cl_2 + 6H_2O == 2IO_3^- + 12Cl^- + 12H^+$

(3) $3Sn^{2+} + IO_3^- + 6H^+ == 3Sn^{4+} + I^- + 3H_2O$

2. 检测碘盐中碘的化学原理

碘盐是添加了碘的化合物碘酸钾的食用盐,在饮食中,既可以作为食品的调味剂,也可以提供碘营养素。碘盐中碘的含量一般控制在 40~50 mg/kg 之间,检测碘盐中的碘所涉及的化学反应原理如下:

$$5I^- + IO_3^- + 6H^+ == 3I_2 + 3H_2O$$

$$2IO_3^- + 10Fe^{2+} + 12H^+ == I_2 + 10Fe^{3+} + 6H_2O$$

$$5Sn^{2+} + 2IO_3^- + 12H^+ == 5Sn^{4+} + I_2 + 6H_2O$$

$$3Sn^{2+} + IO_3^- + 6H^+ == 3Sn^{4+} + I^- + 3H_2O$$

五、实验步骤

1. 定性检测实验

（1）检测海带的碘

取 5 mL 海带水于试管中，滴加 2 滴 1‰淀粉溶液，边振荡边滴加饱和氯水，观察和记录海带水颜色的变化情况，分析说明海带中是否含有碘元素。

（2）检测碘盐的碘

称取 15 g 食用碘盐，放入小烧杯中，加蒸馏水 15 mL，充分搅拌溶解后静置。用吸量管吸取上层清液 10 mL 于另一小烧杯中，滴入 5 滴 1‰淀粉溶液，再加 5 滴稀盐酸，搅拌均匀后平均分放到 3 支试管中编号。

① 向第 1 支试管中滴加 10% KI 溶液，观察溶液颜色的变化；

② 向第 2 支试管中滴加 1.0 mol/L 的 $FeSO_4$ 溶液，振荡后观察溶液颜色的变化；

③ 向第 3 支试管中滴加 1.0 mol/L 的 $SnCl_2$ 溶液，边振荡边观察溶液颜色的变化。

分析以上现象，说明该食用盐中是否含碘元素。

2. 定量检测实验

（1）海带中碘含量的测定

将干海带剪碎，用天平准确称取干海带 20.0 g，放入坩埚中灼烧，至海带完全烧成灰。冷却后碾细，分次加入 50 mL 蒸馏水，转入小烧杯振荡，使其充分溶解，过滤，洗涤滤渣，收集滤液。向滤液中滴加 10 滴 1‰淀粉溶液，再滴加饱和氯水，至滤液变蓝后又完全消失，停止滴加氯水。将该溶液转移到 125 mL 的容量瓶中，用蒸馏水稀释至刻度定容，备用。

用移液管从容量瓶中移取 25 mL 溶液于 250 mL 锥形瓶中，用 1.0 mol/L 的 $SnCl_2$ 溶液滴定。边滴定边摇动锥形瓶，一直滴加到锥形瓶中溶液变蓝色又完全褪去，混合液呈白色为止，记下用去 1.0 mol/L 的 $SnCl_2$ 溶液的毫升数 V_1，用下式计算可得出该实验用海带含碘的质量分数：

$$x\% = \frac{V_1 \times 10^{-3} \times 1.0 \text{ mol/L} \div 3 \times 126.9 \text{ g/mol} \times \frac{125}{25}}{20.0 \text{ g}} \times 100\%.$$

按上述实验步骤重复进行 2 次,求其平均值。

(2) 碘盐中碘含量的测定

称取 20.0 g 食用碘盐,放入烧杯中,加 80 mL 蒸馏水、10 滴 1‰淀粉溶液,搅拌至充分溶解后转入 125 mL 的容量瓶中,用蒸馏水稀释至刻度定容,备用。

用移液管从容量瓶中移取 25 mL 溶液于 250 mL 锥形瓶中,用 0.01 mol/L $SnCl_2$ 溶液(用 1.0 mol/L 的 $SnCl_2$ 溶液稀释即可)滴定。边滴定边摇动锥形瓶,一直滴加到锥形瓶中溶液变蓝色又完全褪去,混合液呈白色为止,记下 0.01 mol/L $SnCl_2$ 溶液消耗的毫升数 V_2,用下式计算可得出该实验用碘盐含碘的质量分数。

$$x\% = \frac{V_2 \times 10^{-3} \times 0.01 \text{ mol/L} \div 3 \times 126.9 \text{ g/mol} \times \frac{125}{25}}{20.0 \text{ g}} \times 100\%。$$

按上述实验步骤重复进行 2 次,求其平均值。

六、注意事项

(1) 海带水溶液的配制:将 2 根新鲜海带洗净后剁碎,用 400 mL 温水浸泡 1 天,过滤,滤液装入试剂瓶备用;

(2) 检测碘盐中碘的含量时,碘盐溶液配制应注意控制水的加入量,因为碘盐中 KIO_3 的含量在 0.02‰~0.06‰,水太多则溶液浓度过小,实验结果误差大。

七、思考题

(1) 人体缺碘对健康会造成哪些影响?
(2) 碘的摄入量越多越好吗?

八、参考资料

(1) 在定性检测海带中的碘时,滴加氯水不能过多,否则发生如下反应,

$$I_2 + 5Cl_2 + 6H_2O = 2IO_3^- + 10Cl^- + 12H^+$$

溶液中看不到蓝色出现。该实验可以用 $FeCl_3$ 代替氯水,实验现象也很明显,若温度较低时可以适当加热。

(2) 在滴定测定过程中,当锥形瓶中的溶液出现蓝色时,发生了反应:

$$5Sn^{2+} + 2IO_3^- + 12H^+ = 5Sn^{4+} + I_2 + 6H_2O$$

这时需要格外小心,每滴一滴 $SnCl_2$ 溶液都要摇匀,此时伴随着另一个反应的发生 $Sn^{2+} + I_2 = Sn^{4+} + I^-$。溶液的蓝色会出现局部的消退,当 I^- 与 IO_3^- 的量符合 $5I^- + IO_3^- + 6H^+ = 3I_2 + 3H_2O$ 的计量关系时,溶液会变为深蓝色,这标志着滴定终点即将到来。每滴加一滴 $SnCl_2$ 溶液都要充分振荡,仔细观察颜色的变化,直到溶液呈白色为止,停止滴定。

实验十七

制备硫酸亚铁铵实验的研究

一、实验目的

(1) 明确制备硫酸亚铁铵的化学原理和实验步骤；
(2) 学习运用化学知识和方法设计制备硫酸亚铁铵的绿色化实验装置；
(3) 掌握制备硫酸亚铁铵的实验操作技能、技巧。

二、实验要求

(1) 避免过滤硫酸亚铁溶液时部分结晶析出；
(2) 制得的硫酸亚铁铵应为蓝绿色颗粒状晶体；
(3) 用限量分析法检验产物的纯度级别。

三、实验用品

(1) 仪器：烧杯、锥形瓶、分液漏斗、酒精灯、大小漏斗、滴管、玻璃棒、铁架台、天平、容量瓶、比色管、蒸发皿、布氏漏斗。

(2) 药品：铁粉、Na_2CO_3 溶液(10%)、H_2SO_4 溶液(3 mol/L、1 mol/L)、$(NH_4)_2SO_4$、$NH_4Fe(SO_4)_2 \cdot 12H_2O$、HCl(2 mol/L)、KSCN(1 mol/L)。

(3) 其他：滤纸、广泛 pH 试纸、蒸馏水。

四、实验原理

硫酸亚铁铵俗称摩尔盐,化学式为 $FeSO_4 \cdot (NH_4)_2SO_4 \cdot 6H_2O$,通常为浅蓝绿色单斜晶体,是一种复盐,比一般的亚铁盐稳定,在空气中不易氧化,能溶于水,难溶于乙醇,是一种常用的还原剂。在化学分析中可作为基准物质,用来直接配制标准溶液或标定未知溶液浓度。硫酸亚铁铵的制备分两步:第一步将铁屑(或铁粉)与稀硫酸反应制得硫酸亚铁溶液;第二步将制得的硫酸亚铁溶液与等物质的量的硫酸铵混合。在一定温度范围内,硫酸亚铁铵的溶解度比组成它的每一组分的溶解度都小,利用这一复盐的特性,将溶液经蒸发、浓缩、结晶制得硫酸亚铁铵复盐。两步的反应方程式如下:

$$Fe + H_2SO_4 = FeSO_4 + H_2 \uparrow$$

$$FeSO_4 + (NH_4)_2SO_4 + 6H_2O = FeSO_4 \cdot (NH_4)_2SO_4 \cdot 6H_2O$$

所制得的硫酸亚铁溶液和硫酸亚铁铵溶液均应保持较强的酸性(pH 为 1~2)。

在第一步反应中,铁屑(或铁粉)加入稀硫酸后除放出 H_2 外,还夹杂少量 H_2S 和 pH_3 等有毒气体而污染环境,可用硫酸铜溶液吸收而消除,因为 $CuSO_4 + H_2S = CuS\downarrow + H_2SO_4$、$4CuSO_4 + pH_3 + 4H_2O = H_3PO_4 + 4H_2SO_4 + 4Cu$。实验中要让铁粉稍过量(因为 $Fe + 2Fe^{3+} = 3Fe^{2+}$),同时还需不断地添加稀硫酸溶液以控制溶液的 pH 值小于或等于 2 且补充溶液受热蒸发而减少的溶剂,避免硫酸亚铁在溶液过滤中结晶析出而损耗。

在第二步反应中,为了让反应物充分混合又不增加过多的水,加 $(NH_4)_2SO_4$ 应先配成饱和溶液,还需滴加稀硫酸至混合溶液中,使 pH 值小于等于 2,稍搅拌后蒸发至出现晶膜,自然冷却,才能获得较大颗粒浅蓝绿色的硫酸亚铁铵晶体。

由于 Fe^{3+} 能与 SCN^- 生成血红色的物质 $[Fe(SCN)]^{2+}$:

$$Fe^{3+} + nSCN^- = [Fe(SCN)n]^{3-n}(血红色)$$

当血红色较深时,表明产品中含杂质 Fe^{3+} 较多,据此,可用限量分析来判断产品的等级。硫酸亚铁铵的纯度级别及对应的 Fe^{3+} 离子浓度见表实验 17-1。

表实验 17-1　硫酸亚铁铵的纯度级别及对应的 Fe^{3+} 离子浓度

纯度级别	Fe^{3+} 离子的浓度/(mg/mL)
Ⅰ级	0.05
Ⅱ级	0.10
Ⅲ级	0.20

五、实验装置

图实验 17-1 是制备硫酸亚铁最常用的实验装置,由于化学反应在开放的空间进行,故称其为开放式装置。为了防止反应过程中 H_2S、pH_3 等有毒气体对环境的影响,又便于实验操作,改进为图实验 17-2 的实验装置,化学反应在封闭的空间进行,故称其为封闭式装置。

使用图实验 17-1 的装置,可用 pH 试纸测试锥形瓶中液体的 pH 值,并随时添加 1 mol/L 的硫酸控制 pH 值小于 2。但实验时会放出有刺激性气味且有毒的气体污染周围空间。图实验 17-2 是根据绿色化学的思想改进的装置,与开放式反应装置相比,封闭的反应体系可以减慢锥形瓶中溶剂水的蒸发速度,尾气被硫酸铜溶液吸收,能避免产生的有毒气体污染环境。通过分液漏斗添加 1 mol/L 的硫酸溶液,用于补充溶剂蒸发所失去的水分和控制锥形瓶中的溶液 pH 值小于 2,操作方便,更加安全。

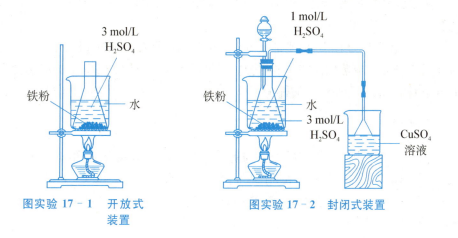

图实验 17-1　开放式装置　　　图实验 17-2　封闭式装置

六、实验药品用量

根据实验原理和产品检验的需要,本实验各种药品的用量确定如下。

1. 铁粉的用量

依据化学原理的反应方程式计算可得,当铁粉用量为 2 g 时,完全反应后所得 $FeSO_4$ 质量为 10 g,当铁粉用量为 3 g 时,完全反应后所得 $FeSO_4$ 质量为 20 g。考虑到实验过程中 $FeSO_4$ 的损失,用 3 g 铁粉符合实验需求。

2. 10% Na_2CO_3 溶液的用量

10% Na_2CO_3 溶液有很好的去除油污的作用,用量的标准以浸没加入的铁粉为宜。加入太少不能很好地除去油污,加入太多在煮沸时液体可能飞溅出来造成铁粉的损失。例如,3 g 铁粉,加入 15 mL 10% Na_2CO_3 溶液即可达到很好的除污效果。

3. H_2SO_4 的浓度及用量

发生置换反应时,选用的硫酸浓度为 3 mol/L,根据铁与硫酸化学反应方程式的计量关系,可以计算出铁为 3 g 时,所需 3 mol/L 硫酸的体积。

因为 $n(Fe):n(H_2SO_4) = 1:1$,

所以 3 g/56 g/mol = 0.051 mol,V = 0.051 mol×1 000 mL/3 mol = 16.8 mL。

为了让铁粉过量,硫酸的用量应稍微减少。所以,结合上述计算,3 g 铁粉,需要 3 mol/L 硫酸 15 mL。

另外,在反应过程中,应滴加 1 mol/L 的稀硫酸调控溶液的 pH 值小于 2,这样也可以补充反应蒸发而损失的水分。根据 $FeSO_4 \cdot 7H_2O$ 在 20℃的溶解度为 48.0 g 计算,加入 1 mol/L 的稀 H_2SO_4 15 mL(分 4 次滴加)即可。

4. $(NH_4)_2SO_4$ 的用量

在第二步反应中要求硫酸亚铁与等物质的量的硫酸铵反应,根据两步化学反应的方程式,在铁粉过量的情况下,计量关系为 $n(H_2SO_4):n(FeSO_4):n[(NH_4)_2SO_4] = 1:1:1$,硫酸铵的用量为 15 mL/1 000 × 3 mol/L × 132 g/mol =5.94 g。

七、实验内容

1. Fe^{3+} 标准液的配制

称取 $0.863\ 4$ g $NH_4Fe(SO_4)_2 \cdot 12H_2O$ 固体,溶于少量不含氧的蒸馏水中(内含 2.5 mL 浓 H_2SO_4),移入 $1\ 000$ mL 容量瓶中并稀释至刻度。该溶液为 0.1 mg/mL Fe^{3+} 的标准溶液。

用移液管各移取上述溶液 0.50 mL、1.00 mL、2.00 mL 于 3 支 25 mL 的比色管中,分别加入 2 mL 2 mol/L HCl 溶液和 0.5 mL 1 mol/L KSCN 溶液,添加蒸馏水至 25 mL,得到 25 mL 中含有 0.05 mg、0.1 mg、0.2 mg 三个级别的标准溶液,它们分别为 Ⅰ 级、Ⅱ 级和 Ⅲ 级试液中 Fe^{3+} 离子的最高允许含量。

2. 铁粉的称量与净化

称取 3 g 铁粉,放入 150 mL 锥形瓶中,加入 15 mL 10% Na_2CO_3 溶液,于石棉网上小火加热煮沸约 10 min,以除去铁粉上的油污。倾去 Na_2CO_3 碱液,然后用蒸馏水清洗至中性,倾去洗涤水,备用。

3. 制备硫酸亚铁溶液

向锥形瓶中,加入 15 mL 3 mol/L H_2SO_4 溶液,按照图实验 17-2 连接好装置,将水浴温度控制在 338~343 K 之间,溶液呈浅绿色后,从分液漏斗分 4 次先后滴加 1 mol/L 的 H_2SO_4 溶液共 15 mL,直至无气体产生为止,趁热过滤,滤液用蒸发皿承接。

4. 制备硫酸亚铁铵

称取 5.94 g 固体 $(NH_4)_2SO_4$,放入 50 mL 的烧杯中,按 $(NH_4)_2SO_4$ 在 20 ℃的溶解度 75.4 g 计算,加入约 8 mL 的蒸馏水,加热搅拌配成饱和溶液,倒入上述盛 $FeSO_4$ 滤液的蒸发皿中。用 3 mol/L H_2SO_4 溶液调节 pH 值小于等于 2,搅拌混合均匀,加热蒸发浓缩至液面出现晶膜为止(蒸发过程勿搅拌)。自然冷却至室温,析出的硫酸亚铁铵晶体经减压抽滤,并用 95% 的乙醇洗涤、抽干,称量和计算硫酸亚铁铵晶体的产率。

5. 产品硫酸亚铁铵晶体的限量分析

称取所得产品 1 g 于 25 mL 的比色管中,加入 2 mL 2 mol/L HCl 溶液和 20 mL 不含氧的蒸馏水。振荡,样品溶解后加入 0.5 mL 1 mol/L KSCN 溶液,稀释到刻度,摇匀,配制成样品分析液。与比色管中 Fe^{3+} 标准液进行比色分析,得出样品的级别。

八、注意事项

(1) 操作技能熟练的话,可以使用 2 g 铁粉。
(2) 实验反应液始终要控制 pH 值小于 2。
(3) 硫酸亚铁溶液与硫酸铵溶液混合反应开始,可搅拌至均匀。之后不能再搅拌,否则会影响硫酸亚铁铵晶体的形成。

九、思考题

(1) 若得到的产品晶粒很小,颜色浅而无光泽,可能是什么原因?
(2) 若得到的产品产率过低,可能是哪些因素造成的?
(3) 若在实验过程中不控制 pH 值小于 2,会造成怎样的实验结果,为什么?
(4) 铁屑净化及混合硫酸亚铁和硫酸铵溶液制备复盐时需要加热,在加热时应注意什么问题?

十、参考资料

制备硫酸亚铁铵方法微型化研究

1. 实验装置

实验装置如图实验 17-3、图实验 17-4 所示。

2. 实验步骤

(1) 称取 0.2 g 废铁屑于锥形瓶中,加入 20 mL 10% Na_2CO_3 溶液。缓缓加热 10 min,并不断振荡。倾析法除去碱液,用蒸馏水洗净铁屑。

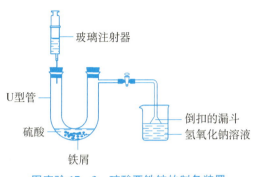

图实验 17-3　硫酸亚铁铵的制备装置

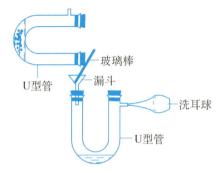

图实验 17-4　硫酸亚铁铵的过滤装置

（2）将洗净的铁屑置于带支管的 U 型管中，加入 2 mL 3 mol/L H_2SO_4 溶液（控制铁稍过量），塞紧塞子，释放出的少量气体用 0.1 mol/L 氢氧化钠溶液吸收，倒扣的漏斗防止倒吸。反应过程中，在 U 型管底部用水浴加热约 20 min，并用玻璃注射器补充 2 mL 3 mol/L H_2SO_4，并添加适量蒸馏水。

待大部分铁屑反应完毕，趁热用图实验 17-4 装置进行微型减压过滤，把洗涤液转移至蒸发皿中。

微型减压过滤的方法：按照图实验 17-4 装置连接好仪器，用洗耳球吸取装置内的气体。再将产生硫酸亚铁的 U 型管沿着玻璃棒慢慢向漏斗中倾倒，U 型管中产生压差，使溶液与固体分离。沉淀可以用乙醇淋洗几次。

（3）称取 0.45 g 的 $(NH_4)_2SO_4$ 晶体，采用煮沸除氧的蒸馏水配制饱和硫酸铵溶液，加到蒸发皿中，搅拌至全溶，用 H_2SO_4 调 pH 为 1~2。蒸发浓缩至液面出现晶膜，静置，自然冷却至室温，观察晶体的颜色及晶形。减压抽滤，在布氏漏斗上用少量乙醇淋洗 2 次，继续抽干，于两张滤纸间稍加挤压以吸去残留母液，称量得到的硫酸亚铁铵晶体。

实验十八
趣味化学实验的研究

一、实验目的

(1) 利用生动、有趣的化学反应现象引导学生学习化学的兴趣；
(2) 了解一些趣味化学实验的原理并掌握其操作技能；
(3) 研究化学实验教学的趣味性。

二、实验要求

(1) 要求实验现象鲜明、实验过程有趣；
(2) 能熟练演示并解说实验过程，启发学生透过现象看本质。

三、实验用品

(1) 药品：碘固体、硫酸钠溶液(1 mol/L)、氧化铁、硝酸银(2%)、1%氢氧化钠(1%)、氨水(2%)、蒸馏水、甲醛(40%)、保护漆。

(2) 仪器：试管、酒精灯、3~6 V低压直流电源、碳棒、发光二极管(1.7 V, 0.6 mA)、小烧杯、鳄鱼夹、导线、4 cm×5 cm 的玻璃块。

(3) 其他：4块三角形木块、脱脂棉。

四、实验内容

1. 分子运动的趣味实验——指纹检验

分子总是在不停地运动,指纹检验的趣味实验可以直接观看到碘固体受热升华而呈现的分子运动实况,并了解分子的运动速率随温度的升高而加快。

(1) 实验原理

碘分子受热后运动速率加快,分子间距离增大,从而变成碘蒸气。当碘蒸气接触到白纸后,能溶解到手指的油脂等分泌物中,形成棕色的指纹印迹。

(2) 实验操作

取一张干净、光滑的白纸条,用手指在纸条上用力摁几个手印。将芝麻粒大小的一粒碘放入试管中。再把白纸条悬于试管中,塞上橡皮塞。把装有碘的试管在酒精灯火焰的上方微热一下,待产生碘蒸气后立即停止加热,观察纸条上的指纹印迹。

2. 燃烧电池的制作

燃烧电池是一种不同于一级电池和二级电池的新型电池,特点是,可以不断地加入氧化剂和还原剂,使化学能通过电极反应直接转变为电能。本实验证明氢气和氧气发生电极反应时,其化学能可以直接转变为电能,而实验所需的氢气和氧气可以用电解水制得,这又是电能转变为化学能的过程。实验装置如图实验18-1所示。

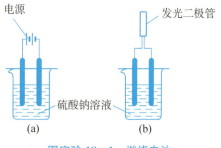

图实验 18-1 燃烧电池

(1) 实验原理

图实验18-1(a)为电解反应,选择1 mol/L硫酸钠为电解液(硫酸钾、硝酸钠、硝酸钾均可),电解时的电极反应如下:

阳极:$2H_2O - 4e^- \rightleftharpoons O_2\uparrow + 4H^+$ 阴极:$4H_2O + 4e^- \rightleftharpoons 2H_2\uparrow + 4OH^-$

当两电极(碳棒)吸附满气体后,撤去外电源,如图实验18-1(b)所示,装上

发光二极管,燃烧电池放电。两电极发生反应如下:

正极:$O_2 + 4H^+ + 4e^- = 2H_2O$　　　负极:$2H_2 + 4OH^- - 4e^- = 4H_2O$

(1) 实验操作

① 将两根碳棒分别放在高温火焰中灼烧至通红,迅速放入冷水中,使其表面变得粗糙多孔。这样可以使碳棒在水电解时吸附较多的氢气和氧气。

② 如图(a)组装好实验装置,碳棒分别接在电源的正、负极上,15～30 s后,两根碳棒上都会明显产生气泡。

③ 取下电源,如图(b)所示将导线接在发光二极管的电极上,二极管即被点亮,灯亮时间可维持约 2 min。

3. 玻璃银镜的制作

(1) 平面玻璃的处理

将玻璃裁成 4 cm×5 cm 的方块,在玻璃的一面贴上纸条,另一面放上少量氧化铁红。手持脱脂棉将氧化铁红在玻璃平面上反复摩擦,擦去玻璃表面上的杂物,然后,再擦去平面玻璃上的氧化铁红,备用。

(2) 银氨溶液的配制

量取2%的硝酸银溶液 2 mL 倒入小烧杯中,加入 1%氢氧化钠溶液 1～3滴,然后边振荡边滴加 2%的氨水,至沉淀刚好溶解为止,继续振荡,再滴入硝酸银溶液,至沉淀不再溶解呈乳浊色为止。

(3) 银镜制作

将净化处理过的平面玻璃用蒸馏水冲洗一遍,然后将平面玻璃放在 4 块三角形木块的斜面上,倒上少量蒸馏水。若平面玻璃已成水平,则玻璃表面会形成一层厚度均匀的水膜,否则,需调整木块使玻璃成水平。用玻璃棒刮去玻璃面上的水层。将上述配好的银氨溶液,按每毫升银氨溶液滴加一滴 40%甲醛溶液的比例混合,振荡均匀,迅速倒在已搁平的平面玻璃上,等待 15～20 min 后,反应完成可形成镜面。拿起平面玻璃,弃去镜面上的溶液,再用水淋洗除去残余溶液,放在通风处晾干。晾干后及时涂上保护漆,防止银被氧化或拿动时擦去银的镀层,待保护漆干后即制成漂亮的平面镜。

五、注意事项

(1) 指纹检验实验中,注意摁有指印的一面不要贴在管壁上,否则显色效果不明显。

(2) 发光二极管有正、负极之分,长脚为正极,短脚为负极,若不能识别,可直接用燃烧电池接试。如不发光就是接反了,交换一下电极即可。

(3) 玻璃的表面一定要清洁,特别是油污必须清除,否则很难形成光亮的银镜。

(4) 配制银氨溶液时,不能加入过量的氨水,否则,加入甲醛后会生成雷酸银(Ag-O-N=C)。雷酸银在受热或撞击时有爆炸的危险。另外,过量的氨水也会使银氨溶液本身失去灵敏性。

(5) 银氨溶液必须随配随用,不要贮存久放。

(6) 甲醛用量不宜过多,加多了会使银析出速度太快而导致液体变黑。

六、思考题

(1) 使用银氨溶液为什么不要贮存久放,必须随配随用,请用化学反应方程式解释原因。

(2) 什么样的实验容易引起学生的兴趣,设计趣味化学实验应考虑哪些因素?

七、参考资料

1. 分子运动的趣味实验

也可以用酚酞和氢氧化钠溶液作用显红色的实验方案。用铁丝编成一棵"小树",树上系一些绿色的树叶和小球状的白色棉花,在棉花上滴少量酚酞试液,用一扁而宽的瓶盖盛少量浓氨水放在固定好的小树下。用一大烧杯将小树和浓氨水一起盖住,几分钟后,可以看到小树上的棉花逐渐变为红色,形成一棵美丽的圣诞树。

2. 趣味番茄电池

由于番茄汁显酸性,当如图实验18-2所示在两个番茄中平行地插入铜片和锌片时,会形成原电池,通过灵敏电流计会显

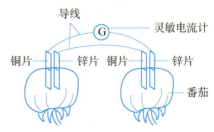

图实验18-2 番茄电池

示有电流产生。

实验步骤:

(1) 取两个半熟的番茄,相隔一定距离,分别插入铜片和锌片;

(2) 按图实验 18-2 所示,用导线将铜片和锌片及电流计相连。

此实验所用器材简单,只用了导线、电流计、番茄、铜片和锌片,一般的学校实验室都有,操作简单安全,可以作为学生的家庭小实验。

3. 制作玻璃银镜的另一种方法

(1) 用脱脂棉蘸少量去污粉,将要镀银的平面玻璃擦洗干净;

(2) 用二氯化锡的稀溶液冲洗两次,再用蒸馏水冲洗;

(3) 配镀银液:

① 取 6% 的硝酸银溶液 100 mL,用浓氨水调至棕色沉淀(Ag_2O)消失,再加入 3‰ 氢氧化钠溶液 100 mL,摇匀,稀释至 500 mL;

② 称取 1.5 g 葡萄糖粉,溶于 25 mL 水中,滴加浓硝酸 2 滴,煮沸 2 min,稀释至 500 mL。

(4) 将两溶液混合均匀,立即泼至平面玻璃上,3 min 后,银镜形成。

(5) 5 min 后用水冲洗多余的溶液,晾干,涂上红丹保护漆即可。550 mL 的混合液可以制作一面大衣柜镜子。

实验十九

利用传感技术进行化学反平衡移动及平衡常数的测定

一、实验目的

（1）了解传感器和信息技术在化学实验中应用的基本原理；

（2）认识综合理科实验中传感技术常用的仪器种类和组装方式；

（3）学习传感技术在具体化学实验应用中的操作方法。

二、实验要求

（1）能根据化学实验演示的教学要求，合理选择不同的传感器，组装仪器并实验；

（2）能根据所得信息图示，推理实验过程而得出化学平衡移动的结论；

（3）能科学处理测得的数据。

三、实验用品

（1）仪器：色度计、数据采集器、烧杯、移液管。

（2）药品：$Fe(NO_3)_3$ 溶液（0.20 mol/L、0.01 mol/L、0.002 mol/L）、KSCN 溶液（0.01 mol/L、0.002 mol/L）。

四、实验原理

传感技术是在综合理科实验中将传感器(探头)、数据采集器、计算机等硬件设施与实验数据处理程序等软件组合成的实验技术。在中学化学实验中可以用来揭示某类化学变化的原理和规律,体现现代化学研究的思想和方法。由于传感器和数据采集器体积较小、携带方便,拿在手中就可以完成很多实验探究活动,所以许多研究者形象地称其为手持技术。

传感器的种类主要有温度传感器、pH 传感器、电导率传感器、压强传感器、色度计传感器、电流传感器和电压传感器等,根据实验内容的需要选择不同的传感器。传感器可以感受到待测物的相关信息,并按照一定的规律转换成可输出信号,经过数据采集器处理后可将输出信号转化为数字信息。所以,传感器是传感技术的核心。

数据采集器能把实验过程中的物理信号转化为数据信号输出,全程跟踪实验过程并将数据变化,以曲线、数字、表格、仪表等多种直观、形象的形式显示实验结果。可见,数据采集器具有强大的数据采集和数据分析功能。

实验数据处理程序是将数据采集器与计算机连接,让实验数据处理系统软件进行通信,帮助我们便捷地采集数据和进行数据处理。然后,以数字、曲线等多种形式显示实验数据。这样,我们就能更确切地了解实验动态,进而准确分析和推测出实验结果。其工作原理如图实验 19-1 所示。

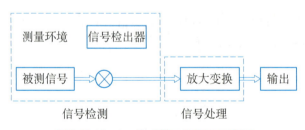

图实验 19-1 传感器工作原理示意图

化学平衡移动及平衡常数是高中化学知识的重点,也是难点。采用传统的实验演示方法很难呈现明显的实验现象。为了让学生能够完整地观察到平衡移动的规律,本实验以 Fe^{3+} 与 SCN^- 的配位平衡为例,用传感技术来测定反应物的浓度对其平衡移动的影响并求得平衡常数。

1. 浓度对 Fe^{3+} 与 SCN^- 配位平衡移动的影响

硝酸铁与硫氰化钾溶液混合反应后,建立化学平衡如下:

$$Fe^{3+} + SCN^- \rightleftharpoons [Fe(SCN)]^{2+}$$

$[Fe(SCN)]^{2+}$ 溶液显红色,溶液的浓度越大,对光的吸收程度就越大,透光率就会越小,因此,可以将其装入比色皿中,用色度计传感器检测溶液透光率的变化情况,从而分析出 $[Fe(SCN)]^{2+}$ 浓度的变化,进而推知化学平衡移动的方向。

2. Fe^{3+} 与 SCN^- 配位平衡常数的测定

反应 $Fe^{3+} + SCN^- \rightleftharpoons [Fe(SCN)]^{2+}$ 的配位平衡常数为

$$K = \frac{C_{\{[Fe(SCN)^{2+}]\}}}{C_{(Fe^{3+})} \cdot C_{(SCN^-)}}。$$

用已知浓度的硝酸铁 $[Fe(NO_3)_3]$ 溶液和硫氰化钾 $[KSCN]$ 溶液混合就有红色的硫氰化铁配离子 $[Fe(SCN)]^{2+}$ 生成。而且,$[Fe(SCN)]^{2+}$ 浓度越大,溶液的红色越深,对光的吸收率越大,则溶液的透光率越小,由于溶液吸光度与透光率的关系 $A = \lg(1/T)$,因此,吸光度与配离子 $[Fe(SCN)]^{2+}$ 浓度符合以下关系:

$$A = \lg(1/T) = KC,$$

式中 T 是透光率,可以用色度计传感器测得;K 为一常数,与溶液的性质和溶液层的厚度有关;C 为溶液的浓度,单位为 mol/L。由上述关系式推理,两种不同的溶液应存在以下关系:

$$\frac{A_1}{A_2} = \frac{C_1}{C_2}。$$

如果式中的 C_1 为标准溶液的浓度,A_1 为标准溶液的吸光度,测得待测溶液的吸光度为 A_2,则可求出待测溶液中配离子 $[Fe(SCN)]^{2+}$ 的浓度 C_2(平衡时的浓度)。再根据 Fe^{3+} 和 SCN^- 的初始浓度可求出平衡时各物质的浓度,代入平衡常数表达式中,就可以算出该化学反应的平衡常数。

注意 配制标准溶液时,当 $C(Fe^{3+}) \gg C(SCN^-)$ 时,平衡将尽可能向右移动,可以近似认为 SCN^- 全部转化为 $[Fe(SCN)]^{2+}$。因此,$[Fe(SCN)]^{2+}$ 的标准浓度就是所用 KSCN 的初始浓度。本实验中标准溶液的初始浓度是:

$C_0(Fe^{3+}) = 0.100 \text{ mol/L}$, $C_0(SCN^-) = 2.00 \times 10^{-4} \text{ mol/L}$。

五、实验内容

1. 浓度对 Fe^{3+} 与 SCN^- 配位平衡移动的影响

(1) 数据采集器的设置和色度计的校正

参见相关使用说明书。

(2) 溶液透光率的测定

将 0.01 mol/L 的 $Fe(NO_3)_3$ 溶液与 0.01 mol/L 的 KSCN 溶液等体积混合,取适量分别注入两支比色皿中,分别检测溶液的透光率(选用绿光)。

向其中一支比色皿中滴加一滴 1 mol/L 的 KSCN 溶液,振荡摇匀后检测溶液的透光率。同样,再滴入 4 滴 KSCN 溶液,再检测溶液的透光率。

向另一支比色皿中滴加一滴 1 mol/L 的 $Fe(NO_3)_3$ 溶液,振荡摇匀后检测溶液的透光率。同样,再滴入 4 滴 $Fe(NO_3)_3$ 溶液,再检测溶液的透光率。

2. 化学反应平衡常数的测定

(1) $[Fe(SCN)]^{2+}$ 标准溶液的配制

取 5 个洁净干燥的小烧杯,编号 1～5,用移液管分别移取 10.0 mL 0.200 mol/L $Fe(NO_3)_3$ 溶液、2.00 mL 0.002 mol/L KSCN 溶液和 8.00 mL H_2O。都注入 1 号小烧杯里,再加数滴浓硝酸充分混合,得浓度为 2.00×10^{-4} mol/L 的 $[Fe(SCN)]^{2+}$ 溶液。

(2) 待测溶液的配制

在 2～5 号小烧杯中分别按照表实验 19-1 中的计量配制,再加入数滴浓硝酸(注意每次滴加的浓硝酸计量应该相同),混合均匀。

表实验 19-1　浓硝酸计量

烧杯编号	$C_{(Fe^{3+})} = 0.002$ mol/L /mL	$C_{(SCN)} = 0.002$ mol/L /mL	$V_{(H_2O)}$ /mL
2	5.00	5.00	0.00
3	5.00	4.00	1.00

续 表

烧杯编号	$C_{(Fe^{3+})} = 0.002$ mol/L /mL	$C_{(SCN)} = 0.002$ mol/L /mL	$V_{(H_2O)}$ /mL
4	5.00	3.00	2.00
5	5.00	2.00	3.00

(3) 测定溶液的透光率

① 连接色度计(选择蓝色滤光片)、数据采集器及计算机,按说明书设置好数据采集器并启动。

② 向比色皿中装入蒸馏水,校正色度计读数为100%。

③ 分别测定1~5号烧杯中溶液的透光率。

(4) 数据记录与处理

实验数据记录于表实验19-2中。

表实验19-2 数据记录与处理

烧杯编号		1	2	3	4	5
	透光率(T)					
	吸光度(A)					
初始浓度	$C_{0(Fe^{3+})}$/(mol/L)					
	$C_{0(SCN)}$/(mol/L)					
平衡浓度	$C_{([Fe(SCN)]^{2+})}$/(mol/L)					
	$C_{(Fe^{3+})}$/(mol/L)					
	$C_{(SCN)}$/(mol/L)					
	平衡常数 K					
	平衡常数平均值					

六、注意事项

(1) 由于Fe^{3+}水解会产生有色物质,故在配制[Fe(SCN)]$^{2+}$标准溶液时须加入浓硝酸来抑制其水解。

(2) 每次滴加浓硝酸的量应该相同,以保证溶液浓度的准确性。

七、思考题

（1）比较将反应物不同配比时测定的常数，并比较不同人次的测定结果，有哪些发现和启示。

（2）请分析本实验的主要误差来源及减少误差的方法。

（3）讨论本实验过程中运用了哪些近似处理的方法，体会近似处理的意义。

八、参考资料

压强对化学平衡的影响

平衡体系 $2NO_2 \rightleftharpoons N_2O_4$ 在压强改变时，反应物、生成物存在明显的颜色变化。可以利用色度计传感器测定溶液的透光率，来推断平衡移动的方向。所用仪器主要有数据采集器1台、电脑1台、色度计传感器1个、注射器1支，药品是二氧化氮（NO_2）气体。

将数据采集器连接到电脑上，色度计传感器接到数据采集器端口1，按下运行按钮，在实验系统软件界面上选择"采集器"中的"设定采集器"，将端口1设定为"色度计传感器"，在对话框中选择：输入1为色度计传感器；采集速率为每秒1次；采集时间为继续。

使用空的比色皿校正色度计读数为100%，将注射器插入装有 NO_2 的比色皿中，检查装置的气密性。将装有 NO_2 的比色皿插入色度计中，启动数据采集器按钮。推动和拉伸针筒，观察透光率的变化，可以分别得到推动和拉伸注射器针筒时透光率随时间变化的曲线图。能够明显地看到：拉注射器时，透光率会逐渐增大，随着时间的增加，透光率又逐渐减小并趋于呈直线；压注射器时，由于容器体积缩小，NO_2 浓度增大，气体颜色逐渐加深，透光率也降低，随着时间的增加，透光率又会逐渐增大并趋于直线；利用传感器技术，通过透光率具体数字的变化可以说明平衡的移动情况。

实验二十
中学化学实验创新实践

一、实验目的

(1) 查阅中学化学教材中有关实验,在实验创新或改进中理解化学实验在中学化学教学中的重要功能;

(2) 学习从互联网、图书馆、教学参考资料、同学之间的合作等途径,了解中学化学实验研究的动态和方法;

(3) 激发学生的潜能,培养创新意识和创新能力。

二、实验要求

(1) 每人在两周时间内研究一项具有创新意义的、可行的、有关中学化学教学的实验改进;

(2) 所设计的实验方案在化学原理、实验装置或实验操作上具有突破常规的思维,如装置更简单,操作更方便,现象更明显或添加书本上没有的实验。

(3) 设计的实验能体现环保、安全、经济的特点,突出绿色化学教学的理念;

(4) 设计的实验方案在中学化学教学上具有一定的启迪作用;

(5) 强调实验的趣味性,以增强学生的好奇心,提高学习者的兴趣,或可以使学习者不由自主地透过实验现象探求本质原因。

三、实验程序

(1) 查阅资料,设计好实验方案,与实验指导老师讨论,确定实验方案后,列出实验需要的仪器、药品清单,到实验预备室领取;

(2) 根据所设计的实验方案,到实验室操作和研究;

(3) 实验的最后结果要请实验指导教师检验;

(4) 写出实验报告,说明该实验的创新点及创新的意义。

四、化学创新实验研究的基本思路

可以从文献资料中获得启示,也可以在失败的实验情境中寻找创新点或在改进缺陷的实验中产生新设想、新思路。

1. 利用网络资源查阅实验文献

通过新浪、百度等网站下的子目录,寻找有关中学化学实验教学的信息;通过专业的数据库搜索,找到与课题相关性较大的资料。

2. 利用文献资料获得实验选题

在文献资料中了解他人的研究动态和相关的背景知识,做出明智的判断和选择,选出具有研究价值的课题。例如:

(1) 从待解决的问题中寻找选题;

(2) 针对同一问题提出多方观点;

(3) 利用他人经验提炼研究思路;

(4) 对疑难实验反应原理的探究。

3. 在失败的实验情境中寻找创新点

4. 在改进有"缺陷"的实验中产生新思路

主要参考文献

1 陈琦,刘儒德.当代教育心理学[M].北京:北京师范大学出版社,2007.
2 布鲁姆.教育目标分类学[M].北京:外语教学与研究出版社,2009.
3 王磊.中学化学实验及教学研究[M].北京:北京师范大学出版社,2009.
4 王祖浩,王程杰.中学化学创新实验[M].南宁:广西教育出版社,2007.1.
5 熊言林.化学教学论实验[M].合肥:安徽大学出版社,2004.2.
6 刘知新,王祖浩.化学教学系统论[M].南宁:广西教育出版社,1996.
7 李广洲,陆真.化学教学论实验[M].北京:科学出版社,1997.
8 西南师范学院化学系编.中学化学教学法实验[M].北京:高等教育出版社,1986.
9 中华人民共和国教育部制订.全日制义务教育化学课程标准(实验稿)[G].北京:北京师范大学出版社,2001.
10 北京师范大学无机化学教研室等.无机化学实验(第三版)[M].北京:高等教育出版社,2001.
11 孙志宽.中学化学实验教学研究[M].杭州:杭州大学出版社,1992.
12 中华人民共和国教育部制订.普通高中化学课程标准(实验稿)[G].北京:北京师范大学出版社,2003.
13 人民教育出版社,课程教材研究所,化学课程教材研究开发中心.义务教育教科书化学九年级(上册)[M].北京:人民教育出版社,2012.
14 人民教育出版社,课程教材研究所,化学课程教材研究开发中心.普通高中课程标准实验教科书化学必修①、②[M].北京:人民教育出版社,2007.
15 人民教育出版社,课程教材研究所,化学课程教材研究开发中心.普通高中课程标准实验教科书化学实验[M].北京:人民教育出版社,2007.
16 傅献彩,沈文霞,姚天扬等.物理化学(下册)[M](第5版).北京:高等教育出版社,2006.
17 王程杰.中学化学实验研究[M].上海:华东师范大学出版社,2005.
18 潘鸿章.中学化学实验研究与创新[M].海口:南方出版社,2001.
19 王文林.中学化学知识探析与实验研究[M].西安:陕西师范大学出版社,2010.
20 张婉佳,杜东双,李燕红.电解水演示实验的探究[J].化学教育,2011(7).
21 张婉佳,李燕红,曾庆旺.氨催化氧化演示实验的探究[J].化学教育,2012(10).
22 张婉佳,董洪霞,黄监民.制备氢氧化亚铁的理论探讨及实验研究[J].化学世界,2014(6).
23 张婉佳,李燕红,龚志翔.硫酸亚铁铵制备实验的研究[J].化学试剂,2015(5).

24 夏式均.电极电势及其应用[M].杭州:浙江教育出版社,1979.
25 祁连秀勇,斐文昊.化学教学[J],2009(9).
26 汪丰文,王小龙.硫酸亚铁铵的制备反应条件与绿色化研究[J].实验技术与管理,2013(5).
27 陈彦玲,徐林林,林世威.硫酸亚铁铵制备方法微型化的研究[J].长春师范学院学报,2011(1).
28 范亚娜.制备$Fe(OH)_2$的实验改进[J].高校实验室工作研究,2008(6).

图书在版编目(CIP)数据

化学教学论实验指导/张婉佳等编著. —上海：复旦大学出版社，2017.6(2024.7 重印)
弘教系列教材
ISBN 978-7-309-12993-9

Ⅰ. 化… Ⅱ. 张… Ⅲ. 化学实验-教学研究-中学-高等学校-教材 Ⅳ. G633.82

中国版本图书馆 CIP 数据核字(2017)第 126147 号

化学教学论实验指导
张婉佳　等编著
责任编辑/张志军

复旦大学出版社有限公司出版发行
上海市国权路 579 号　邮编：200433
网址：fupnet@fudanpress.com　http://www.fudanpress.com
门市零售：86-21-65102580　团体订购：86-21-65104505
出版部电话：86-21-65642845
杭州日报报业集团盛元印务有限公司

开本 787 毫米×960 毫米　1/16　印张 11.25　字数 186 千字
2024 年 7 月第 1 版第 2 次印刷

ISBN 978-7-309-12993-9/G·1720
定价：25.00 元

如有印装质量问题，请向复旦大学出版社有限公司出版部调换。
版权所有　侵权必究